南京大虐殺と従軍慰安婦は本当か

南京攻略の司令官
松井石根《いわね》大将の霊言

大川隆法 Ryuho Okawa

まえがき

いま、従軍慰安婦の誤報も含めて、朝日新聞の落城を目指して各種マスコミが狼のようにかみついている。事実としては検証されなくてはならないが、私自身も、いくつかの週刊誌などに獲物《えもの》として狙われて、過去に何十本も誤報記事を書かれて、裁判で勝っても、謝罪も報道もされた経験がほとんどないので、気持ちは複雑である。

事実の検証としては、国益や国際正義を守る観点からも、南京大虐殺と従軍慰安婦二十万人強制連行なる話が本当であるのかは、探究されねばなるまい。

私は、私自身、宗教ジャーナリズム的手段をとって、その虚実について最終的な事実確認をしたいと思っている。
南京攻略の司令官・松井石根《いわね》大将への霊言インタビューである。九十歳前後になって、ただの過去の売春婦が「従軍慰安婦」だったと称して日本政府に金をせびるのを認めるか。習近平の二十一世紀帝国侵略主義に免罪符を与えるのか。本書がそれらの議論に「終止符」を打つことになるだろう。

二〇一四年　九月十八日

幸福《こうふく》の科学《かがく》グループ創始者兼総裁《そうししゃけんそうさい》　大川隆法《おおかわりゅうほう》

南京大虐殺と従軍慰安婦は本当か　目次

南京《ナンキン》大虐殺《だいぎゃくさつ》と従軍《じゅうぐん》慰安婦《いあんふ》は本当か

——南京攻略《こうりゃく》の司令官・松井石根《まついいわね》大将の霊言《れいげん》——

二〇一四年九月十七日　収録

東京都・幸福の科学総合本部にて

2

松井石根大将が語る南京入城時の様子　33

「霊言現象《れいげんげんしょう》」とは、あの世の霊存在の言葉を語り下ろす現象のことをいう。これは高度な悟《さと》りを開いた者に特有のものであり、「霊媒現象《れいばいげんしょう》」（トランス状態になって意識を失い、霊が一方的にしゃべる現象）とは異なる。外国人霊の霊言の場合には、霊言現象を行う者の言語中枢《ちゅうすう》から、必要な言葉を選び出し、日本語で語ることも可能である。

なお、「霊言」は、あくまでも霊人の意見であり、幸福の科学グループとしての見解と矛盾《むじゅん》する内容を含《ふく》む場合がある点、付記しておきたい。

南京《ナンキン》大虐殺《だいぎゃくさつ》と従軍《じゅうぐん》慰安婦《いあんふ》は本当か

――南京攻略《こうりゃく》の司令官・松井石根《まついいわね》大将の霊言《れいげん》――

二〇一四年九月十七日　収録

東京都・幸福の科学総合本部にて

松井石根《まついいわね》（一八七八〜一九四八）

帝国《ていこく》陸軍の軍人。陸軍大学校を首席で卒業し、参謀《さんぼう》本部に配属される。欧米《おうべい》列強に対抗《たいこう》するためにアジア諸国の連携《れんけい》が不可欠と考え、自ら志願して清《しん》国に派《は》遣《けん》され、孫文《そんぶん》との親交を深める。のちに大亜細亜《アジア》協会を設立し、日中両国の提《てい》携《けい》を訴《うった》えるも、盧溝橋《ろこうきょう》事件から日中戦争に突入《とつにゅう》。松井大将は南京攻略《ナンキンこうりゃく》に際し、「南京城攻略要領」を示して厳しく軍紀を正した。帰国後は観音堂《かんのんどう》に日参《にっさん》するなど、仏道《ぶつどう》を深める。戦後、極東《きょくとう》国際軍事裁判（東京裁判）において南京事件の責任を問われB級戦犯《せんぱん》となり、死刑《しけい》判決を受けた。

質問者　里村英一《さとむらえいいち》（幸福の科学専務理事〔広報・マーケティング企画《きかく》担当〕）
綾織次郎《あやおりじろう》（幸福の科学上級理事 兼《けん》「ザ・リバティ」編集長）
及川幸久《おいかわゆきひさ》（幸福実現党外務局長）

［質問順。役職は収録時点のもの］

1　南京《ナンキン》攻略《こうりゃく》の司令官・松井石根《まついいわね》大将を招霊《しょうれい》する

〝従軍慰安婦《じゅうぐんいあんふ》〟という虚偽《きょぎ》報道を謝罪した朝日新聞

大川隆法　ここ一カ月ほど、幸福の科学大学関係の本ばかり出していたので、政治のほうがやや手薄《てうす》になっていましたが、この間、多少の動きがありました。

アイリス・チャンの霊言《れいげん》（『天に誓《ちか》って「南京大虐殺《ナンキンだいぎゃくさつ》」はあったのか』〔幸福の科学出版刊〕参照）の全面広告を、八月十四日には産経新聞、十五日には読売新聞に打ったたと思いますが、そのあと、大攻勢《だいこうせい》があって、朝日新聞の社長が記者会見をしたのです。

会見では二つの内容を同時に行《おこな》ったため、やや焦点《しょうてん》がぼやけたのですが、まず一つは、「福島《ふくしま》第一原子力発電所の事故当時、『吉田昌郎《よしだまさお》所長の命令に反して従業員が逃《に》げた』と報道をしたが、事実ではなかった」ということに対し、謝罪と記事の取り消しをしたことです。

そのあと、吉田清治《せいじ》という人の書いた従軍慰安婦《じゅうぐんいあんふ》の本（『朝鮮人《ちょうせんじん》慰安婦と日本人』および『私の戦争犯罪』）をもとにして、朝日が記事を書き、それが世界的に広がったことに関する話がありました。

しかし、吉田清治の本には、「韓国《かんこく》の済州島《チェジュとう》で現地の女性をトラックに乗せて、慰安婦として強制的に連行した」というように書いてあったものの、現実には、本人は満州《まんしゅう》に行っただけで、韓国には行っていなかったわけです。

この部分が虚偽《きょぎ》だと明らかになったため、記事について社長が謝罪をしました。

ただ、それ以上までは行かなかったので、あとは、「第三者機関で真相を究明し、社内改革の目処《めど》がついた段階で進退を決める」と、社長が辞任を示唆《しさ》したところで止まりました。

これに対し、国内においては、もちろん、ずっと反論をしていた右派言論人たちが、たたみかけるようにして頑張《がんば》っています。

今朝の新聞を見ても、「朝日の社長が謝罪したぐらいでは済まさない」ということで、怖《こわ》い怖い櫻井《さくらい》よしこさんが〝追撃戦《ついげきせん》〟を宣言するような記事が出ていました。徹底的《てってい》に解体か廃刊《はいかん》か、あるいは〝死刑《しけい》〟にしたいのかは知りませんが、国際的に分かるかたちでの決着をつけなければいけないと提言するような意見広告等も出しています。

それから、小さな記事ではありますけれども、この朝日の謝罪問題に関連し、韓国の遺族会が、河野洋平官房長官《こうのようへいかんぼうちょうかん》時代に、〝従軍慰安婦〟と称《しょう》する方々に聞き取りしたときの一部を編集した映像を、あえて流したりしたことに対し、菅《すが》官房長官が不快感を表明していました。

今、日本と中国との間で繰《く》り広げられている「激しい外交戦」

大川隆法　中国に関しては、中国は、「朝日が謝罪しようと、どうしようと、事実には関係がないことだ」と言っているようではありません。

また、最近、安倍《あべ》首相がインド首相と会談を行い、スリランカやバングラデシュ訪問に行ってきたところですが、逆襲《ぎゃくしゅう》するように、今度は習近平《シージンピン》国家主席がスリランカやインドへ行くなど、「激しい外交戦」がなされています。もう、目に見えるような露骨《ろこつ》な外交戦です。

前回は、習近平が中南米に行ったあと、安倍首相が行ったという感じでした。今回は、安倍首相の訪問直後に習近平が行きましたが、日中が「援助《えんじょ》合戦」あるいは「唾付《つばつ》け合戦」のような感じで引っ張り合っています。

習近平のほうは、「海のシルクロードをつくろうじゃないか」といった交渉《こうしょう》をしているようです。

日本を悪者視《わるものし》することで中韓《ちゅうかん》は自らの行為《こうい》を正当化している

大川隆法　そのようなわけで、日本と中韓《ちゅうかん》の関係をめぐっては、歴史問題が絡《から》んで激しい現代政治のさなかにあります。

国内では、今は左派の言論が攻撃を受けていますけれども、憲法学者や歴史学者等のなかには左派で洗脳されている方がそうとう多くいるので、何とか奪回《だっかい》の機会を狙《ねら》っているのではないでしょうか。

また、韓国には現・国連事務総長（潘基文《パンギムン》）がいることもあり、国連側から日本に対し、「ヘイトスピーチは当然いけないことだし、南京大虐殺や従軍慰安婦を批判したり否定したりするような言論は許せないことだ」などと言ってきています。

したがって、このあたりのことは、まだまだ終わっていないように思うのです。来年二〇一五年は戦後七十周年になりますので、まだまだ再燃してくるところはあるでしょう。

中国や韓国では、戦前の日本軍の〝悪行《あくぎょう》〟についてのドラマをたくさん放映しているようですが、日本国内では知られていません。逆に、中国内部では、中国が戦後行ってきたさまざまな悪行等については国民には知らせないようにしている状況《じょうきょう》なのです。それはある意味で、日本を悪者視《わるものし》することによって、その後の行為《こうい》をすべて正当化しているように見えなくもありません。

アイリス・チャンの本に騙《だま》されたアメリカと「慰安婦像《いあんふぞう》」の問題

大川隆法　幸福の科学が出したアイリス・チャンの霊言（前掲《ぜんけい》『天に誓って「南京大虐殺」はあったのか』参照）は、最近の広告には「三十万部突破《とっぱ》」と打たれていますけれども、生前の彼女の本（『ザ・レイプ・オブ・南京』）が「アメリカで五十万部以上売れた」というので、当会でもそれを目標にと思ってキャンペーンをしているところです。

このアイリス・チャンは戦後生まれでありますので、本はもちろん伝聞《でんぶん》および間接資料で書いたものであって、戦前に生きていた方ではありません。「戦前に生きていた」と称する〝従軍慰安婦《いあんふ》〟をしていたという人がいろいろと言っていることを信じ、それを韓国や中国の人などにも信じさせていました。

また、アメリカのほうもだいぶ騙《だま》されている面があり、二十万人以上の〝セックススレイブ〟がかつての黒人奴隷《どれい》のように引きずっていかれたような印象の言い方をされ、各地に慰安婦の碑《ひ》が建てられているわけです。

安倍総理は、海外に慰安婦像が建っていることに関し、「朝日は、国際的に意見を言って理解を求めるべきだ」などと言ってはいるものの、自分自身は今年は靖国神社《やすくに》にも行っていませんし、河野・村山《むらやま》談話の見直しについてもはっきりと言わないでおり、やや日和見《ひよりみ》しているような気がします。

今回のテーマを選んだきっかけは「夢に出てきた宮澤《みやざわ》元総理」

大川隆法　ちなみに、今日、この話をすることになったのは、次のような理由からでした。いつも、前日に考えているようなことは、翌日には全然通用しないことが多くあるのですが、昨夜の段階ではこんなことを考えていたのです。

最近、立花隆《たちばなたかし》氏がＮＨＫに久しぶりに出てきて、臨死《りんし》体験について語っていました。立花氏の『臨死体験』は二十年前にヒットした本ですが、その十数年後にガンを経験し、自分も死にかけたことがあったため、このテーマについて、もう一回調べ直したくなったようです。アメリカやカナダを回りながら、「臨死、それから『死後の世界』との間に何かあるのか。やはり脳の最後の機能なのか」というようなことを考える番組でした。

ＮＨＫがデング熱で〝血迷《ちまよ》って〟いるところで、「心は脳かどうか」というような番組をしていたので、「明日はここを突《つ》っ込《こ》んでやろうか」と考えていたのです（本収録の翌日の九月十八日、立花隆氏の守護霊インタビュー「本当に心は脳の作用か？——臨死体験と死後の世界の間で——」を収録した）。

しかし、明け方ごろに宮澤喜一《みやざわきいち》元総理の夢を見てしまいました（笑）。夢のなかに宮澤元総理が出てきて、ちょっと「生きているのか」と思ってしまったのですが、そのあとに続く当時の若手政治家たちも出てきて、「宮澤さんに何とかして引退してもらいたい。どうやったら引退してもらえるだろうか」というような話をしていたのです。

なぜかは知りませんが、私もどこかそばにいるらしく、非常にくたびれる仕事を何か請《う》け負うような夢を見て、目が覚めたのですけれども、これは何でしょうか。

当時、宮澤《みやざわ》総理や河野官房長官がいて、〝慰安婦談話〟(河野談話)を出しており、その前に宮澤さんが韓国に行ったと思うのですが、たぶん、今朝の夢は、この〝慰安婦談話〟の見直しができないでいることに関係があるのかもしれません。

要するに、これは宮澤さんのところまで遡《さかのぼ》るわけです。

先日、テレビ朝日の「報道ステーション」の検証でも、慰安婦を名乗っていた人の意見として、「慰安婦であることを名乗り出たのは、吉田清治の本の影響《えいきょう》があったというよりは、宮澤政権のときに、河野談話が発表されて、それを認めたためだ。また、宮澤さんは韓国に謝《あやま》りに来る、謝罪に来ると思っていたので、私たちの活動は活発化したのだ」というようなことを言っていたと思います。

おそらく、宮澤・河野両氏とも、それほど悪意ではなく、「謝罪して、清算しておいたほうが、日韓の未来は明るい方向に進むからいい」というように、政治的には考えたのでしょう。しかし、韓国は、意外にしつこい国民性であって、何度も何度も蒸し返してきますし、中国もそれに便乗している状況かと思います。

例えば、日本人が登場する軍事映画でも、中国人の演じる非常に悪どい日本人ばかり出るらしくて、（質問者の）里村さんのような善人がなかなか出てこないらしいのです。

やはり、言論統制されている国に風穴《かざあな》を開けるのは大変だとは思います。中国では、当会の本も出していますけれども、大多数は経済的な成功関係の本です。そうしたものは翻訳《ほんやく》して出せるのですが、こちらの系統の本を出すと現地の職員が何をされるか分からないので、怖がっているのではないかと思います。

また、韓国あたりとも、そろそろ厳しい関係にはなっていると思いますが、事実は一つでしょう。

南京攻略戦《ナンキンこうりゃくせん》を指揮した陸軍大将・松井石根《まついいわね》

大川隆法　先般《せんぱん》、「アイリス・チャンの霊言」も収録しましたが、南京攻略戦《ナンキンこうりゃくせん》のときの日本側の責任者は、松井石根《まついいわね》大将です。

この方は、一九三三年に陸軍大将になり、そのあと三五年に予備役となっていますが、三七年に日中戦争が開始され、もう一回召集《しょうしゅう》されました。そして、上海《シャンハイ》派遣《はけん》軍司令官、中支那《しな》方面軍司令官として、南京攻略戦を指揮したわけです。

また、その翌年に復員し、あとは大政翼賛会《たいせいよくさんかい》にもかかわったようです。

なお、日中戦争における日中双方《そうほう》の犠牲《ぎせい》者は、今、欧米《おうべい》列強の植民地になっているアジアの国々を解放するための尊い犠牲だとして、静岡《しずおか》県熱海《あたみ》市に「興亜観《こうあかん》音《のん》」を建立《こんりゅう》し、そのふもとに庵《いおり》を建てて住み、犠牲者の鎮魂《ちんこん》につとめていたとのことです。

ところが、戦後、東京裁判があって引きずり出され、南京事件の責任を問われて死刑判決を受け、一九四八年十二月二十三日に絞首刑《こうしゅけい》になっています。B級戦犯《せんぱん》ですね。

つまり、現役を引退して十年たってから死刑になっているわけで、このやり方は、ナチスの戦犯を追及《ついきゅう》するやり方とほとんど同じでしょう。

先入観を持たず、霊人《れいじん》にありのままを語ってもらう

大川隆法　いずれにせよ、南京事件があったのであれば、当事者というか、最高責任者でありましょうから、本人に〝取材〟させていただきたいと思います。ほかのマスコミは、取材のしようがなく、当会でしかできません。オンリーワンというのは、それなりの値打ちがあると思いますので、当会のほうでジャーナリスティックに〝取材〟させていただきます。

ちなみに、今回の朝日新聞の謝罪も、その背景として、「アイリス・チャンの霊言《れいげん》」（前掲《ぜんけい》『天に誓って「南京大虐殺」はあったのか』参照）が出されたことが決定打的になったかと思います。

ただ、南京事件や、済州島から連れていかれたということは嘘《うそ》だったとしても、ほかのところから連れていかれたかどうか等については、よく分かりません。そのところが、曖昧《あいまい》なままになっていますので、調べる必要があると思います。

なお、できるだけ公平を期すために、当会から今までに出した霊言集や見解等に特にとらわれないということにしたいと思います。松井石根大将を呼んで、その本人が「真実」と思うところを述べていただくことにしましょう。

また、質問等を通して、「どういう人柄《ひとがら》の方なのか」も、見てみたいと思います。

なお、この人が見た世界が、客観的に見えたものと同じものであるかどうかは、立場があるので分かりません。さらに、その後、どのように感じたか。今、死後の世界でどう思っておられるのか。あるいは、今の日中関係、日韓関係等についても、どのように思っておられるのか。いろいろと考えはあろうと思いますので、このあたりのことを訊《き》き出したいと思います。

どのようなかたちで出るかは分かりません。東條英機《とうじょうひでき》的に出るか（『公開霊言東條英機、「大東亜戦争の真実」を語る』〔幸福実現党刊〕参照）、あるいは、全然違《ちが》うかたちで出てくるか、正反対に懺悔《ざんげ》している感じなのか、あるいは、肯定《こうてい》している感じなのかも分からないのです。まだ、コンタクトもしていないので、天国か地獄《じごく》かも分かりません。

また、もし〝取材〟したとしても、中韓からすれば、「殺人鬼《さつじんき》に、『おまえは人を殺したか』と訊《き》いたって、そんな者の答えなど信用できない」という言い方が、たぶんあるだろうとは思います。

ただ、そうは言っても、話のやり取りをしている間に、聞く側、あるいは読む側からすれば、ある程度の真実性というものが感じ取れるのではないでしょうか。

そのあたりのところを、感想として見てみたいと思います。

よほどの大悪魔《だいあくま》でなければ、一時間以上、私を騙《だま》すのは難しいだろうと思いますので、やっているうちに、それなりのことは感じてくるだろうと思います。

あまり先入観を持ってはいけないので、「どういう意見を言っても構わない」という前提でお話ししたいと思います。

松井石根大将を招霊《しょうれい》する

大川隆法　それでは、南京事件のときの最高責任者であったと言われております松井石根大将をお呼びいたします。
死後、六十六年ぐらいになりますけれども、今どんなご心境で、どんなことをお考えになっておられるか、宗教法人幸福の科学の総合本部にて、ご意見を伺《うかが》いたいと思います。

どうか、真実を語ってくだされば幸いです。

結局のところ、この南京事件が、中韓と日本との外交で、ぶつかっているところであるし、日本の戦後教育や、これからの未来に関してもかかわっているところです。あるいは、アメリカとの関係にも影響していることでしょう。

こうした中核《ちゅうかく》部分に当たるところでありますが、事実はつかんでおられると思われますので、裁判を受けて絞首刑になってはいるものの、「本人の気持ちとしてはどうであったのか」というあたりについて、どうか率直《そっちょく》に後進の者たちにお教えくださいますようお願い申し上げます。

松井石根大将。

松井石根大将。

南京攻略戦の総指揮を執《と》られました松井石根大将の霊《れい》を幸福の科学総合本部に

お呼びし、その本心を語っていただきたいと思います。
松井石根大将よ。
松井石根大将よ。
どうか、幸福の科学総合本部に降りたまいて、われらにその真意を明かしたまえ。
松井石根大将よ。
松井石根大将よ。
どうか、幸福の科学総合本部に降りたまいて、その真意を明かしたまえ。

（約四十五秒間の沈黙《ちんもく》）

2　松井石根大将が語る南京《ナンキン》入城時の様子

開口一番、「無念！」と語る松井大将

松井石根　（小刻みに息を吸う）ふう、ふう、ふう、ふう。はあ、はあ、はあ、はあ。

里村　松井石根大将でいらっしゃいますでしょうか。

松井石根　うーん……。うーん……。

里村　松井大将であられますか。

松井石根　うーん、うーん、うーん……。

里村　ご気分は、いかがでございましょう。

松井石根　うーん……、無念！

里村　はい。

松井石根　無念！

里村　「無念」とおっしゃるのは、なぜなのですか。何が無念なのでございましょうか。

松井石根　うーん……、無念！　うーん。私が責任を負っていたことが、私自身の責任を超《こ》えて、「七十年も後《のち》の日本の国民たちを苦しめている事件になっている」ということが、無念です。

里村　そのお心持ちをお聞きして、今、私には、本当に、込《こ》み上げてくるものがございます。

今日は、松井大将にお出《い》でいただきまして、今、大将がおっしゃいました、もう七十七年前になる南京《ナンキン》事件、および、幾《いく》つかのことについて、ぜひ、その「無念」とおっしゃったお心の内を、いろいろとお話しいただきたいと思います。

松井石根　無念です！

私はね、多くの人を死なせたかもしれないから、責任を問われるのはしかたがない。

それについてはしかたがないし、死刑《しけい》になったことだって、後悔《こうかい》しているわけではないし、別に、絞首刑《こうしゅけい》などしてくれなくても、日本古来の伝統に則《のっと》って、切腹《せっぷく》でも何でも……。まあ、テレビカメラの前で、切腹したって構わなかったので、自分自身には、責任回避《かいひ》するつもりなど、まったくないけれども、ああ……。

私がいた戦場での事柄《ことがら》に関して論争が起き、国論を揺《ゆ》るがし、関係のない多くの人々を悩《なや》ませ、あるいは、間違《まちが》わせ、それが、新たな火種になろうとしているのを見て、まこと、まこと、まこと、まことに、まことに申し訳なく……、もう一度、切腹して、腹をかっさばいてお詫《わ》びしたいぐらいの気持ちです。

里村　いえ。私たちは、むしろ、松井大将に被《かぶ》せられた冤罪《えんざい》、汚名《おめい》、このような嘘《うそ》を、ぜひとも、今日《こんにち》の日本人、そして、世界の人々に知らしめ、それを通じて、松井大将の汚名をそそぎたいと思っています。

松井石根　まあ……、結果的に、敗軍の将になったわけですから、もう何を申し開きしようとも、それは言い訳にしかすぎないので。ああ……、敗軍の将が、何の言い訳も通じるとは思っておりませんけれども、ただ、うーん……、悔《くや》しい！　「悔しい」という気持ちはあります。

「われわれが原爆《げんばく》三個分の人を殺した」と認めるわけにはいかない

里村　東京裁判については、あとでまた、お話をお聞かせいただきたいと思うのですけれども、ただ、一言《ひとこと》言わせていただきたいのですが……。

松井石根　うーん……。

里村　仮に、敗軍の将といえども、松井大将のような方が、「『中国の兵隊ではなく、一般《いっぱん》の民間人を、その手にかけ、計画的に大量に殺した』というような罪により、そのまま死刑になった」というように歴史に遺《のこ》ることは、あってはならないことだと思っています。

松井石根　「われわれが、原爆《げんばく》三個分ぐらいの人を殺した」とかいうのはねえ、それは、認めるわけにはいかないですよ。

里村　はい。

松井石根　それは、ありえるわけがない。

里村　はい。

松井石根　そんな、数万の兵隊で、それだけの人を殺したら、当然ながら、日本国中が知ってますよ。当たり前のことです。あとで国内に帰還《きかん》した人がたくさんいるんですから。

だから、これは……、まあ、そういうプロパガンダは、戦時には付きものだし、「被害《ひがい》を大きくして、同情を集めて、味方を呼び込む」っていうことは、軍事的には、当然のことです。それは、情報戦、調略戦としては、あって当然のことなので、それを、あれこれ言う気はありませんけれども。

まあ、上海《シャンハイ》では、激戦でしたからね。日本軍も、万の単位で死にましたから、双方《そうほう》に被害が出たということは、大変なことだと思うけども、これは、正規の「軍隊 対 軍隊」の戦いですので、これについては、善悪を語るべきものではないと思いますけれども。

南京に関してはですね……、これは、まあ、上海で敗れて、相手側は敗走している状況《じょうきょう》であり、われわれの軍が入るころには、もう、逃走《とうそう》に次ぐ逃走で、向こうが逃《に》げていっていたので、通過はしたかもしれないけれども……。

だから、「虐殺《ぎゃくさつ》した」というのではなくて、南京を通過して、逃走した人の人数か何かを言っているのかもしれません。

戦闘行為《せんとうこうい》を行った相手は、「民間人に化《ば》けた軍人」だった

松井石根　まあ、「戦闘行為《せんとうこうい》がゼロだった」とは言いませんが、そのほとんどは、民間人に紛《まぎ》れ込《こ》んでいる軍人の奇襲攻撃《きしゅうこうげき》が散発的に行われたものであった。

つまり、民間人だと思っていたら、銃《じゅう》を持っていて撃《う》ってくる……。

里村　便衣兵《べんいへい》ですね。

松井石根　そうです。そういうような者がいたので、それへの警戒《けいかい》を怠《おこた》れなかったのと、路地とか、それから、夜とか、いろいろなところで狙《ねら》ってくるような、そういうスナイパー的な者がいたので、完全に心を許していたわけではありませんん。しかし、「民間人を殺す」というかたちでの指示を出したことはありません。

それに、もし、そういう事実が分かったならば、当然、厳しく軍法会議にかけて、その責任を糾弾《きゅうだん》しましたので、まだ、そのくらいの軍律は保てていた状態ではあります。

民間人に化《ば》けて、ゲリラ的に襲《おそ》ってくる者が、一部いたのは間違いありませんけれども、ただ、そんなに大きな兵力ではなかった。

民間人に化けてゲリラ的に抵抗《ていこう》していた勢力は、まあ、全体の数については、なかなか分かりかねますけれども、うーん……、まあ……、せいぜい、数百ぐらいしかいなかったと思われます。

「どれが民間人で、どれが軍隊か」っていう見分けは、やはり、そう簡単ではなかったので、疑心暗鬼《ぎしんあんき》なところはありましたから、あるいは、そのなかで、「逃げていく者を軍人だと思って、撃った」っていうようなこともあったかもしれませんけれども……。

少なくとも、「意図して、民間人を殺そうとした」ということは、軍令上、絶対にありえない。事故とか、誤認とかいうことはあったとしても、そういうことはないし、相手側が逃走していくなかで、いろいろな事件や事故が起きて、亡《な》くなる方だって出てはおりました。

それから、向こう側が、日本軍に対して、鬼《おに》でもやってくるかのようなキャンペーンを、一生懸命《いっしょうけんめい》、やっていたことも事実であるので……。

里村　はい。

松井石根　市民が、疑心暗鬼であったことは、まあ、実際、そうだとは思いますけども、「南京市内の平和は、一週間とたたずに確立した」と、私は理解しています。

占領軍側《せんりょうぐんがわ》の「錦《にしき》の御旗《みはた》」として〝急造〟された南京《ナンキン》事件

綾織　では、時系列的にお伺《うかが》いしていきたいと思います。

松井石根　はい。

綾織　一九三七年十二月七日が攻略のスタートということなのですが、南京《ナンキン》城内、あるいは、城外も含《ふく》めて、その時点で起こっていたことは何だったのでしょうか。実際は、どういう状態だったのでしょう。

国民党軍のほうと、一部、戦闘はあったにしても、「その後、相手側のトップが逃げ出したりして、敗残兵《はいざんへい》が何万人も出て……」というように、その実際の混乱具合というのは、どういう状態だったのでしょうか。

松井石根　いやあ、だから、実際は、「軍隊が自分のところの国民を見捨てて、逃げた」っていうのが事実だと思いますよ。

綾織　はい。

松井石根　「軍隊のほうは、市民を見捨てて逃げた」というのが、正確な表現だと思います。

だから、残された人たちは、「残っていていいのか、一緒《いっしょ》に逃げるべきなのか」を、それぞれ各自の判断に委《ゆだ》ねられて、ちょっと混乱があったことは事実ですけどもねえ。

綾織　ええ。

里村　逃げる手段を持っていた、比較《ひかく》的裕福《ゆうふく》な層の人が、先に、南京から逃げて……。

松井石根　そう、そう、そう。

里村　結果的に残ったのが、二十万人ぐらいです。

松井石根　うん、うん。

里村　そのくらいの人間が残っておりましたね。

松井石根　戦争もありましたから、死体ぐらいはあったでしょうけれども。まあ、「上海みたいな激戦地で、死体がたくさんあった」というのは、それは、そうかもしれません。日本軍だって、万の単位の被害を出してますので、それは、あったかもしれませんけど……。

ただ、上海では戦争がありましたけど、南京で、これを、いきなり「事件」にされてしまったんですよね。

それも、戦後に、事件として急に大きくなってきたので、これについては、私は、ほんとに、まったく関知していないというか、日本に帰って、観音《かんのん》をつくって、多くの人の冥福《めいふく》を祈《いの》っておりましたところが、進駐軍《しんちゅうぐん》が来てからあと、「大事件があったんだ」ということで……。

結局、ヒットラーの、その……、何ですか？

里村　ホロコースト（ユダヤ人大量虐殺）ですね。

松井石根　そう。「ナチスのホロコースト張りのことがあった」というふうに、あっという間に、話をつくられていったんですよ。

ですから、これは、やっぱり、正当性をつくるためにつくられたものです。占《せん》領《りょう》軍側の「錦《にしき》の御旗《みはた》」として急造されたもので、考えた人がいるんだろうとは思いますけども、裁判をするのに正当性をつくろうとしたのではないかと思うんです。

「従軍慰安婦《じゅうぐんいあんふ》や南京《ナンキン》事件には陰謀《いんぼう》がある」

里村　松井大将は、そのように、おかしな事件と言われないようにするために、本格的な南京《ナンキン》城の攻城戦にかかる前に、きちんと、飛行機で、降伏《こうふく》や投降を呼びかけるビラを撒《ま》き、さらに、わざわざ国際法学者まで同行させて、南京城攻略に取りかかられました。

このあたりの配慮《はいりょ》について、お聞かせください。

松井石根　ですからねえ、まあ、あとで出てくるでしょうけど、従軍慰安婦《じゅうぐんいあんふ》を連れて入城した覚えはありませんよ。

里村　はい。

松井石根　従軍記者とか従軍カメラマンとかはついてきました。

里村　はい。

松井石根　彼らは、ちゃんと取材して、現場を見てます。

里村　はい。はい。

松井石根　それなのに、「そういう事件があった」っていうことは、報道されてないんですから。

里村　当時、百人以上の報道陣《じん》が入っています。

松井石根　ええ、そうです。

だからねえ、これには、必ず「陰謀《いんぼう》」があったはずです。陰謀があったと思います。

だから、今、当時の慰安婦が、「従軍慰安婦だった。連れていかれた」というふうに言っているのも、言わされていて、誰《だれ》かが仕掛《しか》けてると思います。

おそらく、韓国《かんこく》のＫＣＩＡ系の情報網《もう》から言わされて始めたんだろうと思いますけども、これ（南京事件）も、その当時、南京に絡《から》んでいた人の誰かに嘘をつかせて、事件をつくり上げていったんだと思いますし、〝負け犬〟は、もはや……、まあ、日本人の悪い癖《くせ》なのかもしれないけど、「負けた場合は、もはや語らない」っていうところがあるので、そこのところに付け込まれた部分があったのかなあとは思います。

まあ、すべて、私一人の責任ですけれども……。

里村　いえいえいえ。

綾織　実際に、当時の記録を見ましても、日本軍の略奪《りゃくだつ》行為、強姦《ごうかん》のようなものも含めて、軍法会議にかけられたのは、十数人で……。

松井石根　そう。そうです。

綾織　事前に、「軍紀を厳粛《げんしゅく》にする」ということを、かなりきつくおっしゃった上で、日本軍の兵隊さんの、小さな犯罪でも、非常に厳しく取り締《し》まったという記録があります。

これについては、実際は、どうだったのでしょうか。

1937年12月17日、南京入城式の様子。写真左部分の馬上の人が松井石根大将。(朝日新聞社『支那事変写真集』〈1938年3月発行〉から。水間政憲編『南京の実相』〈日新報道〉から転載)

松井石根　だから、「日本軍が進駐した」とか、いろいろなところに出ていると思いますけれども、そのなかでも、むしろ、逆に、いちばん模範《もはん》的な例に近いかたちだったのではないかと、私は思っております。

また、私は、いったん大将になったあと、予備役になり、その後、もう一回、引っ張り出されて現地に赴《おもむ》きましたが、そのときは、もう還暦《かんれき》ですのでねえ。

つまり、もう十分に、世間《せけん》のいろいろなことについては熟知している年齢《ねんれい》ですし、血の気《け》に走って、残虐行為をするような年齢ではございませんし、私は、「儒学《じゅがく》」の勉強も、青少年期にやっておりましたので、中国に対しては、文化的には尊敬していた面もございます。

だから、その「儒教の国」の国民を、自らの手で殺《あや》めたいという気持ちを持っていたわけではありません。

3　当時のアジア情勢・世界情勢について

当時の極東《きょくとう》地域における日本軍の立場とは

松井石根　まあ、今の人たちには、そう分からないでしょうが、日清《にっしん》戦争で戦った相手である清国というのは、満州族《まんしゅう》、つまり、今の満州地方から来た人たちが中国全体を支配していた国です。そして、日清戦争で敗れたことにより、彼らが満州のほうに引き揚《あ》げていき、新しい国ができようとして、内戦をやっている状態だったんですね。

そのため、治安が非常に乱れていて、どこかの軍隊が出て、治安維持《いじ》をしなければいけない状況《じょうきょう》でした。

これは、今のアメリカに訊《き》いたら、アメリカも、その気持ちはよく分かるはずなんですよ。

アメリカだって、今のイラクやシリアやウクライナの現状を見たら、やっぱり、「軍を派遣《はけん》して、何とか治安を取り戻《もど》したい」と思うのは同じだと思うのでね。

当時のアジア、極東地域においては、日本軍が、今のアメリカのような立場であって、国際的にも、「先進国として、近場にいる日本が、そうした国で内戦が起きるようなときには、鎮静化《ちんせいか》する」というように思われてた時代であるので、私たちは、別に、死にたくて、軍隊で行ったわけではないんです。

清国が滅《ほろ》び……、要するに、日清戦争をやって、日露《にちろ》戦争もあって、そのあと、満州で満州国の建国がありましたけども、あれも、悪意だけでつくったわけではありません。ほっとけば、今度は、満州族が皆殺《みなごろ》しにされるし、革命が起きたら、支配階級は皆殺しにされる恐《おそ》れがあったので、彼らを生かすために、彼らの本拠《ほんきょ》地《ち》であるところの満州で、独立国をつくらせたわけです。

まあ、歴史上では、「傀儡政権《かいらいせいけん》」といって、悪く言われているんだろうと思いますけれども、日本の皇室とも関係のあったものでもありますし、何とかして、彼らの生活の幸福を守るために、努力しようとしたところはあるので、全部が、悪魔《あくま》の行為《こうい》のように言われるっていうのは、ちょっと納得《なっとく》がいかない。

清国を滅ぼし、打ち負かしたけれども、彼らを皆殺しにさせるわけにはいかないので、ある意味で、隔離《かくり》して、守れるようにしようとした。ただ、今度は、次の新しい勢力が出てきて、ちょっかいを出してきて、満州国も取りにかかってきていた状況ですよね。

そのあたりが、日中戦争の始まりなのですが、まあ、あとから、いくらでも理由付けはあろうかとは思いますけど、当時の論理としては、そうした、われわれがやったこと自体が、「全部、間違《まちが》っていた」と言われるのは不本意で、満州族の人も、日本の人たちも、「当然の行為をやっている」というふうに思っていたんです。

日本軍は「欧米《おうべい》による中国植民地化」を防ごうとしていた

及川　今現在の日本では、学校でも、「当時、日本は中国に侵略《しんりゃく》した」というように教えられていますし、社会でも、そう思われているのですが、今の閣下《かっか》のお話で言えば、「決して侵略ではなかった」ということでしょうか。

松井石根　だから、今で言えば、チベットなんかが中国に取られてますよね？　自治区になってますけれども、チベットが中国とは別の国であることは明らかですよね。ああいうチベットのようなところに、中国軍がちょっかいを出してきたら、日本軍が行って、「チベット族の独立を守る」とか、あるいは、「内モンゴルの独立を守る」とか、「ウイグルの独立を守る」といったことのために出兵したような感じで、気持ちとしては、そんな感じでした。

それで、軍隊を出さなければ、欧米《おうべい》のほうが手を出してくるってことも、もう、だいたい見えていたんで。ロシアは敗れたばかりだからできないかもしれないけれども、欧米のほうは手を出してくると。

及川　欧米が侵略してくるのですね。

松井石根　（中国に）侵略して植民地にすると、だいたい見ていたので、それをさせないようにしなきゃいけないというふうには考えていた。「責任は、自分ら日本にある」「やはり、日清・日露戦争で戦った日本に責任はある」と考えていたので。

もうすでに、その前のアヘン戦争のころから、欧米による植民地化は進んでおりましたからねえ。

このままで行けば、中国が、アフリカがやられたのと同じ状況になることは間違いありませんでしたし、私らは、儒教《じゅきょう》の国として尊敬してましたので、そういうふうにならないように、やっぱり、「近代化した日本が盾《たて》になって守らなきゃいけない」っていう気持ちを持っていた。

満州《まんしゅう》独立後は日本が戦争に引きずり込《こ》まれていった

松井石根　だけど、それを十分に理解されない方々もいたことは事実で、そういう人たちのなかには、一部、（日本軍を）侵略とみなして抵抗《ていこう》してきた者もあるし、あるいは、「作戦上、日本軍が攻撃《こうげき》をしたように見せかける」という偽装工《ぎそうこう》作《さく》なんかも、そうとうやられて、引きずり込《こ》まれていったところがあるので、まあ、どちらかといえば、満州《まんしゅう》の独立からあとは、あちらのほうが（日本を）引きずり込んでいった。

正当な歴史観としては、向こうのほうが、日本を戦争に引きずり込んでいって悪者に仕立てようとし、戦略的には、アメリカをおびき出そうとしていた感じもあったと思います。

だから、日米が……、まあ、あなたがたには、当時の気分が分からないかもしれないけども、日本が世界の五大国みたいになって、日清・日露と勝ったあたりで、アメリカのほうは、明らかに「日本潰《つぶ》し」に来ていた。ハワイを取って、フィリピンを取って、日本と対決しようと思っているのは、だいたい目に見えていたので。

それは、戦争が始まる四十年前から、もう分かっていたことで、「たぶん、次は日米戦争になるな」というのは、だいたい見えていたことです。ですから、

（アメリカが）中国に入りたいのは、もう分かっていました。だから、あれ自体が、すでに日米戦争の前の防衛戦であった面はあると言えますねえ。

先の大戦での「アジアには指一本触《ふ》れさせない」という思い

里村　今、大将がおっしゃったように、まさに、「なんとかアメリカを引っ張ってきたかった」と考えていた一人が、蔣介石《しょうかいせき》ではないかと言われています。

松井石根　うん、そうだ。

里村　蔣介石に関しては、松井大将ご自身も、中国の独立を守るための英雄《えいゆう》として、かなり期待をかけられていたようなのですが、残念ながら、そのようにはなりませんでした。

そこで、この蔣介石に対する思いをお訊《き》きしたいのと、また、ぜひ、私が、本当に多くの人に知っていただきたいこととしては、大将が、中国に対して、「憎《にく》い」とか「滅ぼすべきだ」などというお考えを持っていたのではなく、「中国と日本でアジアの独立と平和を守るのだ」というお考えの持ち主だったということです。

このあたりについてのお考えを、少しお聞かせいただきたいと思います。

松井石根　考え違いしていただいてはいけないこととしては、一八四〇年から四二年ぐらいまでのアヘン戦争のあと、欧州の何カ国かは、もう、中国を〝切り取り〟始めていたことです。だから、あの戦争（太平洋戦争）は、最後はアメリカとの戦いになりましたけども、その前哨戦《ぜんしょうせん》であるアジアでの戦いは、ヨーロッパの国々との戦いだったんですよ。

イギリスやフランスやオランダ、まあ、ドイツは同盟を結んでいたので違いますが、そういった幾《いく》つかの国の侵略から解放するための戦争だったわけですね。

だから、インドも含《ふく》めれば……、まあ、あちらはイギリスの植民地でしたけども、最初のシンガポール攻略戦やマレーシア攻略戦、それからフィリピンの電撃的な攻略戦等でアメリカ等を追い散らしたあたりでは、アジアの人たちは大歓迎《だいかんげい》してたんですよ。

欧米列強には、どこの国も全然勝てなくて、みんな、好きなように植民地にされ、ひどいところでは、インドのように百五十年も（植民地に）されていましたから、これで（日本が）負けてたら、全部、ずっと植民地のままで、搾取《さくしゅ》され続けておりました。アフリカからの黒人奴隷《どれい》があったように、アジアからの奴隷が、欧米市場に売りさばかれていたはずですよね。

私たちは、歴史的に見て、そういうことになることが分かっていたので、やっぱり、「日本という強国が存在することで、アジアには指一本触《ふ》れさせない」という不退転《ふたいてん》の気持ちを持って、あの戦《いくさ》も始まったものだというふうに思っております。

「日本の緒戦《しょせん》の圧勝」がアジアの国民にとって大きな希望となった

松井石根　まあ、結果的に敗れたことは残念ではあるけれども、ただ、あの欧米諸国が、緒戦《しょせん》で二年ぐらい敗れ続けるところを、アジアの国民が見たということ。だから、(肌《はだ》の)色の違いによらず、人種の違いによらず、それは文明力によることを知ったということ。やっぱり、それが大きかったんだろうと思うんですね。白人たちは(有色人種に対して)、「人種的に劣《おと》っているから、おまえたちは下層階級で奴隷階級なんだ」というふうな見下しを持っていましたから。

こうしたことがあったから、彼らは、ヒットラーを責める立場にはないと思うんですよ。何て言うか、ヒットラーの「アーリア人優越《ゆうえつ》主義」みたいなのと同じような「白人優越主義」を、（白人の）みんなは持っていましたから。

だから、それを言うんでしたら、やっぱり、黒人奴隷をいっぱい連れていったアメリカだって、世界に対して謝罪しなきゃいけないし、アフリカに対しても謝罪しなきゃいけないぐらいでしょうね。

まあ、やっぱり、「黄色人種《おうしょく》に敗れた」っていうことが悔《くや》しかったんじゃないでしょうかねえ。

郵便はがき

料金受取人払郵便

赤坂局
承認

6467

差出有効期間
平成28年5月
5日まで
(切手不要)

1 0 7 - 8 7 9 0

112

東京都港区赤坂2丁目10－14
幸福の科学出版(株)
愛読者アンケート係 行

フリガナ お名前	男・女	歳
ご住所 〒　　都道府県		
お電話（　　　）　－		
e-mail アドレス		
ご職業	①会社員 ②会社役員 ③経営者 ④公務員 ⑤教員・研究者 ⑥自営業 ⑦主婦 ⑧学生 ⑨パート・アルバイト ⑩他（　　）	

ご記入いただきました個人情報については、同意なく他の目的で使用することはございません。ご協力ありがとうございました。

愛読者プレゼント☆アンケート

『南京大虐殺と従軍慰安婦は本当か』のご購読ありがとうございました。今後の参考とさせていただきますので、下記の質問にお答えください。抽選で幸福の科学出版の書籍・雑誌をプレゼント致します。(発表は発送をもってかえさせていただきます)

1 本書をお読みになったご感想

(なお、ご感想を匿名にて広告等に掲載させていただくことがございます)

2 本書をお求めの理由は何ですか。

①書名にひかれて　②表紙デザインが気に入った　③内容に興味を持った

3 本書をどのようにお知りになりましたか。

①新聞広告を見て [新聞名：　]
②書店で見て　③人に勧められて　④月刊「ザ・リバティ」
⑤月刊「アー・ユー・ハッピー？」　⑥幸福の科学の小冊子
⑦ラジオ番組「天使のモーニングコール」　⑧幸福の科学出版のホームページ
⑨その他 (　)

4 本書をどちらで購入されましたか。

①書店　②インターネット (サイト名　)
③その他 (　)

5 今後、弊社発行のメールマガジンをお送りしてもよろしいですか。

はい (e-mailアドレス　) ・ いいえ

6 今後、読者モニターとして、お電話等でご意見をお伺いしてもよろしいですか。(謝礼として、図書カード等をお送り致します)

はい ・ いいえ

弊社より新刊情報、DMを送らせていただきます。新刊情報、DMを希望されない方は右記にチェックをお願いします。　□DMを希望しない

4　日本軍が戦場で体験したこととは

「兵隊たちに慰《なぐさ》めも与《あた》えられないことが悩《なや》みの種だった」

綾織　今のお話と同じ文脈で、「日本を貶《おとし》める」という意味では、今、「従軍慰安《じゅうぐんいあん》婦《ふ》」の問題が使われています。

松井石根　悔《くや》しいねえ。

綾織　「二十万人を奴隷《どれい》のように連れていった」などと言われていますが……。

松井石根　悔しいですねえ……。

綾織　そこで、松井大将が軍隊にいらっしゃってご覧になったものとして、慰安婦の方々の実際の状況《じょうきょう》というのは、どのようなものだったのか、少しお教えいただけますでしょうか。

松井石根　まあ、それとは正反対で、「若い兵隊たちが連戦して、戦いに疲《つか》れているのに、彼らに慰《なぐさ》めも与《あた》えてあげることができない」っていうようなことが、私たちの悩《なや》みの種で、むしろ、「かわいそうだな」という思いがあった。

現代のアメリカが、戦《いくさ》をするときには、いろんな慰安施設《しせつ》をつくったり、保養施設をつくったりして、休日を与えてまで戦いをするそうですけれども、日本軍には、そういう考え方があまりなかったので、「とにかく勝つまで戦い続ける」

みたいな、そういう考えだったんです。

まあ、「兵站《へいたん》の思想」も弱かったんですが、「休養の思想」とかがなくて、〝月月火水木金金〟で、本当に、もう「二倍、三倍戦え。働け」というような感じであリましたので、若い人たちは、そうとう疲弊《ひへい》していました。そらあ、中国を縦断していくのは大変な〝苦行《くぎょう》〟だったと思いますよ。

だから、むしろ、本当に、私たちは、かわいそうだなと思っていたほうでしたね。

戦中の日本軍が慰安婦《いあんふ》を集めるようなことはなかった

松井石根　まあ、上海《シャンハイ》とか南京《ナンキン》にも一部いたとは思いますけど、戦前は、かなり繁栄《はんえい》した面もありますので、そういうところの場合には、高級女郎《じょろう》屋のようなものも、あったことはあった。でも、当時は、そういう彼女らも逃《に》げ惑《まど》っていた時代ではあったし、あるいは、生き残ろうとして、媚《こび》を売ってこようとしている面もあったかと思いますね。

だから、身柄《みがら》の安全を得ようとして、どちらかといえば、将校クラスにかくまってもらおうとしてた人たちも、一部にはいたかとは思いますが、何と言いますか、そうしたプロの客商売をやってるような方々は、一般《いっぱん》兵士を相手にはしてなかったはずです。なので、お金をもらいつつ、自分らの身柄を守ってもらうために、そういう接近を図《はか》っていた者も、一部にはいたかのようには聞いております。

ただ、これだって、「日本軍が何かをしようとしてやった」っていうようなことは、まったくありません。うーん、ちょっと悔しいですね。

「日本軍は世界でいちばん規律を守っている軍隊だった」

里村　日本軍が、計画的に女性を〝狩《か》り集める〟ようなことはなかったということでしょうか。

松井石根　うーん、逆に、戦があるときには、そんなことは、もう無理ですので。戦が終わって、町に平和が戻《もど》ってきたとき、治安が戻ってきたときには、それは、向こうの中国人だとか、韓国人《かんこくじん》だとかもいたかもしれませんが、それでも、業者とかが商売にやってくる感じですかねえ。そういうふうに、金儲《かねもう》けにやってくる。

里村　はい。

松井石根　彼らにとっては、同国人を売り飛ばすのは平気なことだったので、「金になるなら、やる」っていうような業者はいたと思いますけどもねえ。だから、軍として、合目的的《ごうもくてきてき》に、そういうことをやってたってことはありません。

それをやってたらねえ、例えば、「インパール作戦」なんかに参加したような人たちに対して、申し訳が立たないですよ。あんな山越《やまご》えをして、ほとんど全滅《ぜんめつ》していくような厳しい環境《かんきょう》下で戦った人や、南方戦線でも戦った人たちに対してね。

だから、そういう、女性との歓楽《かんらく》を得られたっていうのは、そらあ、もう、すごく安定したところですね。

戦火の砲弾《ほうだん》が飛び交《か》ってるところで、日本人が、動物のように女性と戯《たわむ》れてるみたいなところを想像したいんだろうと思うけど、彼らには、そんなことはできませんよ。ありえないんだ。爆弾《ばくだん》が落ちたり、砲撃《ほうげき》を受けたりしてるところで、どうして、そういう売春業のようなものが営めますか。そんなことはありえないことで、そんなのがあるのは、安定した町として治安回復したところか、ずっと

●インパール作戦　第二次大戦中の1944年、日本陸軍によって実行された、ビルマからインド北東部の都市インパールへの進攻作戦。軍司令部などが補給を軽視したこと等により惨敗。約3万人もの餓死・戦死者を出した。

後退した部分のところですよね。

そういうところでは、食料から始まって、日用品売りから、いろんな商売をやっていたので、そういうものが進入してくる余地はありましたけども、いずれにしても、犯罪に当たるようなことに対しては、厳しい軍令が敷《し》かれていたので、（日本軍は）世界でいちばん規律を守っていた軍隊だった。

これについては、欧米《おうべい》なんかに言われるいわれはございません。彼らは、もっともっと厳しい、激しい差別的なことをやっていたはずです。

日露《にちろ》戦争あたりからすでにあった「調略戦」

及川　先ほど、「陰謀《いんぼう》」というようなことをおっしゃっていたのですが、当時、東京裁判の前で、南京陥落《かんらく》があったあとに、欧米のマスコミのジャーナリストの一部が、「こういう虐殺《ぎゃくさつ》があった」というようなことを報道したり、それから、南京の安全区にいた、キリスト教の欧米の牧師《ぼくし》や宣教師《せんきょうし》たちが、そのような証言をしたりしていまして、このあたりのことについての真相は、ご存じでしょうか。

松井石根　日独伊《にちどくい》三国防共協定（のちの日独伊三国同盟）ができてましたので、それに対抗《たいこう》している人たちは、当然、調略戦として、「どうやって相手を貶《おとし》めるか」っていうことを考えていただろうと思う。

まあ、日露《にちろ》戦争のあたりで、すでに、そういう「調略戦」「謀略戦」っていうのは、そうとうありましたので、そういう情報部隊が、お金を使っていろんな人を買収し、噂《うわさ》を流させたり、書かせたり、発言させたりするようなことはやってたと思われます。まあ、それに上手に乗ずることができた者が、その情報戦には勝つんでありましょうけどもねえ。

だから、うーん（舌打ち）、蔣介石《しょうかいせき》なんかが、もうちょっとスッパリした人であれば、〝あれ〟だったわ。ちょっと、二重性、三重性があるような人でしたね。支那《しな》が、ああいうふうに、二重、三重に、欧米にも日本にも嘘をついて生き残ろうとするような民族だとは思いたくなかったですね。

当時から危険性を感じていた「共産主義思想」

里村　大将は、一度予備役《よびえき》になられてからも、単身で中国に渡《わた》られて、蔣介石と単独で会見されたりもして、蔣介石に、「日本と結んで共産主義を排除《はいじょ》し、欧米の植民地からの独立をするように」と、再三再四……。

松井石根　正しかったと思いますよ。

だから、その考え方で、要するに、明治維新《いしん》以降の日本が目指したようなかたちで、中国が日本化していけば、欧米からの侵略《しんりゃく》も止められるし、国民も繁栄すると思っていたので、それは正しいと思う。やっぱり、これを欧米に切り取られたら大変なことになるし、共産主義の危険性っていうのは感じていましたので。日本も、戦前は、共産主義を弾圧してましたけども、それが、戦後には、一躍《いちやく》、救世主みたいな扱《あつか》いになってました。「共産主義が平和勢力」みたいな言い方が、戦後の日本のあり方でしたけど、その後の長い歴史を見てみたら、平和勢力であったことは、なかったと思いますよ。

だから、何て言うか、「帝国《ていこく》陸軍、帝国海軍というような、帝国みたいなものを壊《こわ》す思想として、共産主義が有効だった」ということだと思うんですよ。偉大《いだい》な支配者、指導者を持っているような部分をばらけさせてしまうっていうか、みんなを農民兵みたいにしてしまって、ばらけさせる思想、そういう体制を壊す思想として、共産主義は有効だったんだと思います。

やっぱり、それが、当時でも危《あや》ぶまれていたというか、「これが広がった分には、実は、先進国の思想は、全部、崩壊《ほうかい》していくかたちになる」っていうことは分かっていた。

南京《ナンキン》落城後、日本軍が来て安心していた住民

里村　そういうなかで、蔣介石に期待をかけたにもかかわらず、残念ながらそうはならずに、むしろ、蔣介石側は共産主義と結んでしまいました。その後、予備役であられた大将がもう一度、上海派遣《はけん》軍の司令官になられて南京攻城《ナンキンこうじょう》に取りかかったと存じます。

つきましては、もう一度、南京攻城戦の落城あたりについて少しお訊《き》きしたいと思います。

松井石根　うん。

里村　昭和十二年十二月十三日に南京《ナンキン》が落城、開城しまして、同十七日に、大将は馬上《ばじょう》の人となって入城式で入られました。

松井石根　うん。

里村　そのときの南京の様子について覚えておられることで、人々の様子や町並みなどは、どのようなものであったかを、お聞かせいただきたいと思います。

松井石根　軍隊はいなくなってはいましたが、逃亡《とうぼう》した人も一部いたのは事実でしょう。けれども、残っている人たちは安心していた面もあったと思いますね。

つまり、正規の軍隊とも言えないような、いわゆる『水滸伝《すいこでん》』の山賊《さんぞく》みたいな、何者だか分からないような者による略奪《りゃくだつ》や暴行、強盗《ごうとう》、強姦《ごうかん》、窃盗《せっとう》みたいなものがけっこうありましたので、「日本軍が入ることで、そういうものは一掃《いっそう》されて、取り締《し》まられる」っていう感じは持っていたのでしょう。

だから、たぶん、「警察隊が配備された感じ」に受け止めたのだと思います。

里村　はい。

中国軍の残党は「ゲリラ活動」をして民間人を盾《たて》に使っていた

綾織　今、「虐殺」と言われている部分で、先ほども少し触《ふ》れられましたが、便衣兵《べんいへい》、ゲリラ兵みたいなものがいて、私服に着替《きが》えて、街中の安全区のなかに入り込《こ》んでいたということでした。それを掃討しないといけないわけですが、これは国際法的にも合法的なもので、実際にやられていたと思うのです。この部分が、

「虐殺」と捉《とら》えられているところがかなりあると思うのですが、実態のところは、どういう状態だったのでしょうか。

松井石根　正規軍と戦うのは〝武士のルール〟で戦いますけれども、そうしたもの（ゲリラ兵）と戦う経験はあまりないからね。

これは、その後アメリカがベトナムで経験されたんじゃないですか。農民なのか、兵士なのか分からないから、結局どうしたかといったら、皆殺《みなごろ》しにしたでしょう？　農村丸ごと爆撃したり、ナパーム弾で焼いたりしたんでしょう？　アメリカもそれを経験したはずです。

だから、「民間人に紛《まぎ》れて兵士が入ってきた場合、どれほど難しいか」っていうことはアメリカも経験した。

たぶん、そういう意味で、「カルマの刈《か》り取り」を彼らも経験したはずです。

本当は発狂《はっきょう》するぐらいのことで、本当の兵士なら構わないけど、もし間違《まちが》ってたときの罪悪感っていうのはすごくありますのでね。

よって、恐怖《きょうふ》して逃げたのか、兵隊として逃げているのか、あるいは、狙《ねら》い討《う》とうとして待ち構えてたのかっていうのを見極《みきわ》めるのは、極《きわ》めて難しいものはありましたね。

日本の軍隊のように、向こうのほうの軍隊がたとえゲリラであっても、毅然《きぜん》としたものを持っておればそれなりに分かりますけど、実に狡猾《こうかつ》なので、本当に分からないようにするのです。

要するに、民間人を「盾代《たて》わり」に使ってやってるっていうか、彼らがゲリラ活動することによって、「周りの人たちが誤解されて襲《おそ》われる可能性がある」というようなことに対して、まったく配慮《はいりょ》はしていなかったのです。

もちろん、「それを盾に使ってやろう」としてるようなところはあったと思うので、それは指揮官なき中国軍のほうの「武士道精神のなさ」じゃないですかね。

南京《ナンキン》への日本軍派遣《はけん》は、中国に多数在住していた「邦人《ほうじん》保護」のため

里村　南京《ナンキン》の中心部に、在留していた外国人たちによって安全地区がつくられました。そのなかに、今、大将がおっしゃったような中国兵が武器を持ったまま多く入り込んで、日本兵を狙っていたと思うのです。

そういうなかで、入り込んでいる兵隊たちを探したりしたことを、あたかも日本兵が何人もの中国の民間人を引きずり出して殺したかのように言われています。やはり、そういうふうに誤解されているということで間違いないでしょうか。

松井石根　というか、もう今の日本人はよく知らないんだろうと思うけども、日清《しん》戦争、日露《にちろ》戦争を経《へ》たあとの日本っていうのは、中国に渡って住んでいた人た

ちがたくさんいたんですよ。

満州だけでなくて、上海付近だって国際都市でもあったし、貿易都市でもあったので、今の商社マンに当たるような人たちとか、そうした貿易関係の人たちもいっぱい住んでいたし、日本人の学校もあったくらいです。そのため、そうした「邦人保護《ほうじん》」っていうことは、やっぱり必要なことであったんでね。

それで、「軍隊が行ったこと自体が侵略だ」とおっしゃるかもしれませんけども、邦人の安全を確保しないと、内戦に巻き込まれた場合は大変なことになりますので、それもあったんだということは、今のアメリカだって否定できないはずですよ。

新聞記者の一人、二人が処刑《しょけい》されたかなんかぐらいで、空爆をするようなアメリカと比べて、日本はあれほど短気じゃありませんよ。あれほど残虐でも短気でもありません。もっと、本格的に被害《ひがい》が出なければああいうことはしてませんので。

まあ、当時の上海辺りは本当に行き来も自由にできて、けっこう日本人の文化も入っていて、住んでいる人もたくさんいたんですよ。南京も近くですので、この辺りまで、そうした「ゲリラ掃討作戦」っていうのはやっぱり大事なことであって、治安を回復するためには必要なことでした。地元の人たちにとっても、ある意味では歓迎《かんげい》されてた面はあるんだということは知っていただきたい。

要するに、日本人はもうすでに入っていたんだということです。突如《とつじょ》、軍隊が行って占領《せんりょう》したんじゃなくて、日本人はもうすでに入っていて、一緒《いっしょ》に住んでいたんで、貿易もやれば、学校だってちゃんとあって、日本語で教育していたんです。

だから、そういう事実があったということは知っていただきたいと思います。

里村　日本人学校もですね？

松井石根　うん。あったんだということです。

里村　はい。

松井石根　けっこう立派な学校があって、向こうで生まれ育って学問を受けられた方もたくさんいらっしゃるんですよ。

だから、そういう人たちを守るために、私なんかが任命されて治安回復に行ったわけで、自分で言うのはちょっと分に過ぎるかもしれませんけれども、「松井石根が来た以上は、もう安心だ」っていうふうな感じのイメージは持ってくれてたと、私は思っています。

（写真上・下）1937年12月20日、南京陥落後の街頭にて。（同年12月25日、朝日新聞に「南京は微笑む」と題された記事とともに掲載。日本兵と現地の人々が笑顔で交流している様子がうかがえる。水間政憲編『南京の実相』〈日新報道〉から転載）

里村　はい。

日本兵による犯罪は「十数件ぐらい」しかなかった

綾織　東京裁判の話ともつながってくるのですが、実際に日本軍の兵士によって起こされた殺人事件、あるいは、その他の犯罪というのは、どのくらいの数あったのでしょうか。

松井石根　うーん、全部が全部、目が届いたとは言えないので……。特に「食料の調達」なんかでは、どうしても不満な部分はやっぱりありますのでね。「日本の兵法」のなかには「現地調達」みたいな考え方もちょっとあることはあるので。

だから、夜中に現地調達、食料の調達とかに出掛《でか》けてた連中で、若い者のなかにはいたかもしれないとは思います。

ただ、当時の日本軍自体はそんなにお金もないような状態ではなかったので、食料を買い付けして、正当に支払《しはら》いをして配給をするぐらいのことはできたので、それについては、「みんなが略奪軍みたいだっていうことはない」と思います。

でも、一部の兵士のなかで、「卵を食べたい」とか、「鶏《にわとり》を食べたい」とか、そういうので少し軍規を破って出ていったような者もいたかもしれない。

あるいは、場合によっては、もちろん若い男性でストレスがあまりにも溜《た》まって人肌恋《ひとはだこい》しさで、そういう食料調達に行った先で若い女性なんかに遭遇《そうぐう》して、軍規では禁じられているような、女性に対する婦女暴行に当たるようなことをした者も出たかもしれませんけれども……。全部入れても、やっぱり「十数件ぐらい」しかなかったと思います。

5 「軍部が暴走した」というのは間違《まちが》いである

当時の日本には「軍人に政治を正してほしい」という期待があった

及川　従軍慰安婦《じゅうぐんいあんふ》問題でも、吉田清治《よしだせいじ》というような、自ら嘘《うそ》の罪を言った者がいるのです。

この南京《ナンキン》事件でも同じように、旧日本兵で当時、閣下《かっか》の部下だったと思われる人間が、「自分はこんな罪を犯《おか》した」ということを懺悔《ざんげ》しています。そういう者が何人かいるのですが、この真相はどうなのでしょうか。

松井石根　それは、全員についてまでは、つかんでないから分からないし、言うのは自由だと思います。戦後の風潮から見れば懺悔してみせたほうが罪が許されて、歓迎《かんげい》されて英雄《えいゆう》みたいに言われる扱《あつか》いがあったので、そういうのに乗っかって生き残ろうとした人間が一部いてもおかしくはありません。

けれども、それで先の戦争は、軍隊が全部悪いことになってるでしょ？

及川　そうですね。

松井石根　「軍隊が暴走して、文民統制が利《き》かなかった。天皇陛下も反対だったのに、軍隊が暴走して日本国民を巻き込《こ》んで戦争に突入《とつにゅう》していった」ということになっています。

そういうことが二度と起きないために、新しい憲法が制定されて、「日本は戦争しない」ということになり、「これで軍隊の暴走による平和の喪失《そうしつ》というようなことはなくなった。これは本当に〝天から与《あた》えられた〟奇跡《きせき》的な憲法だ」というような感じになって、軍隊だけが悪者になって決着をつけていた部分で、それが戦後何十年か続いてきたんだろうと思いますけどもね。

まあ、確かに、「二・二六事件」や「五・一五事件」のようなものもあって、軍隊が蜂起《ほうき》しようとした面も一部あったかもしれません。

ただ、例えば、今のタイでクーデターが起きて軍事政権がもう一回戻《もど》ってますよね。「民主主義政治のほうが倒《たお》れて、軍事政権に戻る」って、あなたがたは理解不能だろうと思うけれども、民主主義政治っていうのはけっこう賄賂《わいろ》政治なんですよ。賄賂政治で、「袖《そで》の下」が通用する政治になるのです。

つまり、票が金で買えるというか、お金をばら撒《ま》くことで票が取れるのが民主主義政治なんですよ。

だから、そういう金を持ってる者が幅《はば》を利かせて、自分の思うような政治ができて、身の安全を図《はか》って、自分のほうに優遇《ゆうぐう》されるような政策が取れるわけです。

どちらかというと、軍事政権は一見、危険で怖《こわ》いことのように思うかもしれないけど、軍人は金儲《かねもう》けをやらないので、「清潔だ」っていう考え方があってね。

だから、今のタイもたぶんそうだと思うけども、「民間人のほうは、すぐに金を貯《た》め込んで、いっぱい、いろいろなところにつながって、私財づくりに励《はげ》むけど、軍人はそういうことはしない」というふうな支持が背景にあるんですよ。

同じように、戦前の日本でも昭和恐慌《きょうこう》以降の立て直しが十分にできなかったところがあって、「軍人に、もうちょっと政治を正してほしい」っていうふうな意見はやっぱり一部にはあったことはあったんでね。だから、軍人政治家も後に出てきました。

「軍部が暴走していた」という言い方もあるけれども、「シビリアン・コントロール」ってあなたがたが言ってるような、そのシビリアンが、「信用できない状態にあったんだ」ということなんですよ。シビリアンが信用できるんだったら、そんなに民《たみ》が飢《う》えるような状態は起こさずにやれたでしょうけど、それができていなかったということですね。

そういう意味で、軍人に期待する声もあったことはあったんで、「われわれが暴走しただけのものではなかったんだ」ということは、知っていただきたいと思います。

軍人のほうの一部からも、「悪代官みたいなやつがいるなら、そいつを見つけたい」という、そういうふうな気持ち、義憤《ぎふん》に駆られた人もいたことは事実です。

日本軍がなかったら、日本はアメリカに簡単に支配されていた

松井石根　「軍隊が〝集合霊《しゅうごうれい》〟や、〝亡霊《ぼうれい》〟のようになって外国侵略《しんりゃく》をし続けて、日本を引きずり込んで、みんなを不幸にした。その〝亡霊〟から戦後は解放され

て、自由で平和な国になったんだ」という、そういう気持ちを持つのは結構だけども、そんなことはないですよ。

「軍隊がなかったらどうなったか」って言ったら、それは、「日本全体がアメリカに支配されていた」と思いますよ。日本軍がなかったら占領《せんりょう》されていたと思います。

だから、結局は軍隊があろうがなかろうが、アメリカは日本を支配しに来たんです。

里村　はい。

松井石根　だけど、軍隊があったから、沖縄《おきなわ》を取られました。だから、沖縄の方の怨恨《えんこん》はけっこう深いかとは思う。沖縄を取られたし、南方戦線で多くの人が死にましたけども、何もなかったらどうか。

今の憲法を誠実に守って、自衛隊があるけど、自衛隊なんかも「違憲《いけん》だ」と言って、軍隊がなかったら平和かって言ったら、それはアメリカに支配されていたと思います。簡単に支配されたと思う。今だったら、中国に簡単に支配される。

まあ、それだけのことです。

「中国が軍事増強している。十倍以上に軍備を増強している」、これを防衛するのは当たり前のことですよね。「仕返し」と称《しょう》してやってくるんでしょうから、防衛するのは当たり前で、日本国民をそんな奈落《ならく》の底に落とすわけにはいかないですよね。

だから、このへんは軍事ということを、全面に拒否《きょひ》する遺伝子が入っているためにそうおっしゃるんでしょう。

そう言っても、人類の歴史を緻密《ちみつ》に見れば、文明と文明のぶつかり合いなんで

ね。「勝った文明」が「負けた文明」を支配し吸収して、その国がなくなってい
く。その国がなくなれば、その国の宗教もなくなり、民族もなくなる。あるいは、
全員、奴隷《どれい》になってしまうようなことだってある時代だということですね。

6　日本が戦わなければ、アジア全体が〝奴隷《どれい》〟になっていたはず

アメリカは「謝罪」と「清算」が終わっていない

松井石根　「朝鮮《ちょうせん》だけが、日本に三十何年支配されて、奴隷《どれい》にされた」みたいな言い方をしてるけど、これはアメリカの言い訳の部分がそうとう入っていると私は思いますよ。

アメリカは二百年以上の歴史の謝罪、あるいは清算が終わってないでしょう。

それを、日本のほうに振《ふ》り向けている面はあると思うので。

だってねえ、まあ、言いますけどねえ、ハワイがアメリカの州でなきゃいけな

い理由なんてありませんよ。あそこはアメリカ人はいませんでしたから。でしょ？

里村　はい。

松井石根　ちゃんとカメハメハ大王がいたんですからねえ。王国があったのを支配し、取ったんですからね。

フィリピンだって、アメリカ人なんか住んでいませんでしたからね。だから、取ったんです。先輩《せんぱい》であるヨーロッパのいろんなところが取りに来てたやつを取り返していったわけですから。アメリカが勢力を増してきたので、取ってきた。「フィリピンを取った」っていうことは、「次はどこを取るか」っていうことですけど、次に取るのは、日本、台湾《たいわん》、中国本土。まあ、これが次のターゲットであることは、誰《だれ》が考えたって分かってることです。

日本は不当にも軍縮会議等で、軍事を封《ふう》じ込《こ》められて、「これでは十分に守り切れない」っていう状態に置かれていたので、そうした少ない軍事力でどうやって守るかっていうことで、みんな知恵《ちえ》をこらして考えていたんでね。

ああいうことを、強国と言われ、大国と言われる国が押《お》しつけてきたし、「軍事を抑制《よくせい》させて、勝てないようにしておく」っていうハンディ戦ですよね。最初からハンディ戦を押しつけられていたんで、軍部もずいぶん悔《くや》しい思いはしてましたよ。自分たちでつくった軍艦《ぐんかん》とか、戦闘機《せんとうき》とか、いろんなものを破壊《はかい》しなきゃいけないことだってあったわけなんで、若干《じゃっかん》、悔しい。あとのことを考えると、悔しい思いをしましたからねえ。

欧米《おうべい》諸国と比べて「いわれなき差別」をされた日本

綾織　南京大虐殺《ナンキンだいぎゃくさつ》については、アメリカが東京裁判で、ある意味、つくり出したところがありますが、戦後、朝日新聞の本多勝一《ほんだかついち》という記者が中国に行って連載《れんさい》記事を書き、そのなかで「南京大虐殺」が出てきたという経緯《けいい》があります。

今、朝日新聞が「従軍慰安婦《じゅうぐんいあんふ》」の問題で劣勢《れっせい》に立っているのですが、次の大きなテーマとしては、朝日新聞にとっても南京の問題が焦点《しょうてん》になってくると思います。朝日新聞の報道について、天上界《てんじょうかい》から見て、どのように思いますか。

松井石根　いやあ、私はそれを言う立場にないので。それについてはコメントをする立場じゃないから、何とも言えませんけども。

ハア……（ため息）。本当に軍隊のなかにいた人であれば分かるはずなんですがねえ。だから、ちょっと悔しいなあ。

南方戦線等でも、日本が支配して、治安回復したあとには、衣食住があって、多少のお酒を飲んだり、歓楽街《かんらくがい》的なものができてきたところもあったとは思うけれども、それは別に、日本が特別に異質な民族だから、そうなったんじゃなくて、欧米《おうべい》諸国みんな、どこでも起きていることです。イギリス統治下でも、フランス統治下でも、オランダ統治下でも、スペイン、ポルトガルの統治下でも、どこでも街ができれば同じようにはなっていたはずなので、これは、やっぱり、「いわれなき差別があるな」と思ってますけどねえ。

「日本がなければ、アジア全部が〝奴隷《どれい》〟になっていた」

松井石根　それと、何て言うかねえ、中国には、日清《にっしん》戦争で負けたことの悔しさみたいなのもあって、やってた面もあるのかと思う。

まあ、中国はGDPが世界一だった大国だったんでね。「眠《ねむ》れる獅子《しし》」と呼ばれた国だから、小国の日本が勝てるわけはないと。日本というのは、アメリカで言えば、カリフォルニア程度の国で、中国はアメリカ本土みたいな大きいところだから、勝てるわけないと思っていた。人数的にも、経済的にも、食糧《しょくりょう》的にも、勝てるわけないと思ってたのに、勝った。

あと、(日露《にちろ》戦争で)バルチック艦隊や、ロシア最強のコサック兵を破ったということ等に、戦慄《せんりつ》と恐怖《きょうふ》を覚えたんだろうと思うんですよね。

だから、彼らから見れば、世界に対する、日本の「黄色《おうしょく》人種復活計画」だよね。そういうものを阻止《そし》したいっていう気持ちはあったと思う。

また、日本は戦前から、人種差別している者に対する批判はちゃんとしてたんですよ、ほかのところに対しても。「先進国が人種差別をしている」っていうことに対しては、異議申し立てをしていた。

明治維新《いしん》が実際に起きた理由は、そうした同じような扱《あつか》いを受けるから。黒人奴隷《どれい》は有名でしたし、それから中国もどんどん言いなりになっていってるんだから、日本も占領《せんりょう》されるか、「租借《そしゃく》する」と称《しょう》していろいろやられると思って、それをさせないために、維新で国論を分けて戦ったんでね。「攘夷《じょうい》か、開国か」っていうので、「安易に開国に走ろうとする幕府を倒《たお》して、新しい政府を建てなきゃ駄目《だめ》だ」という気持ちがあった。

歴史の皮肉はいっぱいあったかもしれないし、「日本という国があって、それで被害《ひがい》を受けた」っていう言い方もあろうけど、(日本が)なかったらどうなったかといえば、「アジア全部が〝奴隷〟になっていたことは間違《まちが》いない」ということを知ってたほうがいいと思います。

里村　はい。

7　日本軍人が持っていた「武士道精神」を忘れてはいけない

南京大虐殺《ナンキンだいぎゃくさつ》は「中国の歴史」に合わせて言っているだけ

里村　そうしますと、確認でございますが、松井大将は南京攻略《ナンキンこうりゃく》に当たって、日本軍の単独行動の禁止や、火の扱《あつか》いに気をつけること、孫文《そんぶん》の陵墓《りょうぼ》である中山陵《ちゅうざんりょう》を絶対に保護することなどを言っていました。逆に、いろいろなかたちでの保護を大切にされていたわけです。

そういうお立場からして、「『中国の民間人を六週間にわたって殺戮《さつりく》し続けた。放火、略奪《りゃくだつ》、強姦《ごうかん》し続けた』という、いわゆる三十万人の南京虐殺《ぎゃくさつ》はなかった」

と断言してよろしいでしょうか。

松井石根　それはねえ、『項羽《こうう》と劉邦《りゅうほう》』の読みすぎですよ。項羽軍と間違えてるんじゃないんですかねえ。だから、項羽軍がやったことは、そういうことです。それと二重写しにしてるんじゃないんですかねえ。それは項羽軍がやったことですよ。中国の歴史に合わせて言ってるだけで、日本の歴史に合ってない。日本はそういうことをしないので、合ってないですね。

及川　その虐殺が、戦後、九〇年代のアメリカにおいて、『ザ・レイプ・オブ・南京』という言われ方で広まっていったわけなのですが、その本を出したアイリス・チャンというアメリカ人はご存じでしたでしょうか。

松井石根　まあ、今、伝わってますよ。話は聞いてますけどねえ。

里村　おお。どのように伝わっていらっしゃるでしょうか。

松井石根　まあ、私は、死後、四十年もたってから起こされてるあれでしょうから、そこまでの予測も立たないので、何とも言えないんですけども。うーん……。（舌打ち）まあ、あんまり日本の国民性に合わない自己卑下《じこひげ》の態度を長く取りすぎたために、国民性が変わってしまったなあっていう……。

里村　戦後ですね？

松井石根　こういう国じゃなかったので。われわれが戦ったことが、そういう国民性をつくったっていうのなら、われわれは日本国民に対して、むしろ謝罪したい気持ちがある。

里村　いえいえ。

「大和《やまと》の心でアジア、オセアニアの平和をつくりたいと思っていた」

松井石根　そういう、「武士道精神」を忘れちゃいけないと思いますね。やっぱり、武士道っていうのは、〝桜の心〟ですから。花を咲《さ》かせて散っていくことなので。死ぬこと、敗れること自体を否定しているわけじゃなくて、そんなものは織り込《こ》んでいることなんで。私たちはあくまでも大義のために戦ったのです。

戦後は「大東亜《だいとうあ》戦争」とも言わず、「八紘一宇《はっこういちう》」なんていうのは、もう笑い話みたいに、きっとバカにされるんだろうけども、本当に「大和《やまと》の心で、このアジア、オセアニアの平和をつくりたい」という気持ちを持っていた。

欧米《おうべい》が地球の裏側まで来て侵略《しんりゃく》することに対して、「彼らには、そんな権限も責任も何もないはずだ」という気持ちはあったし、そういう大義のために戦ってたので、われわれは、そういう侵略軍で、略奪、強盗《ごうとう》、暴行、放火をするような蛮族《ばんぞく》だとは思われたくありません。

中国の歴史のなかには、そういう蛮族はいっぱい出てきてますけどねえ。そういう歴史の刷り込《こ》みがあるから、同じように言うのかもしれませんけども、（日本軍は）彼らが見たことがないぐらい精強《せいきょう》な部隊だったと思いますよ。

日露《にちろ》戦争の「乃木《のぎ》精神」が生きていた当時の日本

綾織　来年、戦後七十周年を迎《むか》えるわけですが、このときに、「日本は大義のある国だったのか、あるいは、残虐な国だったのか」が問われ、ある意味で歴史観が確定するようなタイミングになると思います。戦後七十年目を前に、日本人として、どのように戦っていったらいいでしょうか。

松井石根　日露《にちろ》戦争には、私も参戦して勝利を収めるのに寄与《きよ》することができましたし、二〇三高地では屍累々《しかばねるいるい》で数万の死体を出し、乃木《のぎ》将軍の息子《むすこ》さんが二人も亡《な》くなったような大攻城戦をやって勝ちました。

降参したロシア軍は、トーチカのなかにものすごい食料や武器、弾薬《だんやく》をいっぱい持ってて、日本軍なら絶対に降参しないような状態で降参しているんですよね。むしろ日本のほうが武器・弾薬は尽《つ》きて、食料も尽きている状況《じょうきょう》でした。向こうのほうは、豊富に持ってたのに降参している。

それで、ステッセル将軍と乃木将軍が会うときに、向こうの帯刀《たいとう》を許した。これは、「乃木将軍の偉大《いだい》さ」という意味で外国にも報道されました。「やっぱり徳のある将軍だ」っていうことで、報道されましたけど、その「乃木精神」はまだ生きてたんですよ。私たちの時代には生きてたので、決してなくなってはいません。

そういう「武士 対 武士」というか、「国を守るための戦いでは、お互《たが》いに避《さ》けられない場合があって戦うけれども、それと人間としての尊厳は別だ」という考え方は持っていたので、向こうが立派な武将なり、指揮官であれば、われわれはちゃんとそれなりの対応を取るだけの武士道は、心得ておりました。

平気で嘘《うそ》を言う中国・韓国《かんこく》・北朝鮮《きたちょうせん》は「武士の国」ではない

松井石根　（中国は）儒教《じゅきょう》の国だと、私も信じていたんだけれども、あまりにも信用ができない。何と言うか、人の裏をかいたり、嘘《うそ》をついたり交渉《こうしょう》ごとがまったく信用できないような人ばっかり出てくる状態が多くてね。今もそうでしょう？

中国の人たちは、政府の高官で立場がある人が、平気で嘘を言うでしょう？

里村　はい。

松井石根　だから、事実はどうであるかを知ってても、平気で嘘を言うでしょう？

里村　はい。

松井石根　それが自分にとって、利益になり、上からの覚えがめでたければ、そう言うでしょう。韓国《かんこく》もそう。北朝鮮《きたちょうせん》もそうですね。

だから、武士じゃないですよ。はっきり言ってね。武士じゃない。

里村　「日本は武士の国である」と？

松井石根　うん。武士です。

「千年の恨《うら》み」と言っている国には宗教が必要

里村　そして、先の戦争は、決して日本の一方的で残虐な意図に基《もと》づく侵略ではなく、ある意味で、中国を含《ふく》むアジアの独立や自由、平和を守るための戦いであったわけですね。この部分について、われわれ現代の日本人はもっと知らなければいけないということでしょうか。

松井石根　原爆《げんばく》でね、広島も長崎《ながさき》も大勢の方が亡くなって、それについて悔《く》やむ人もいれば、恨《うら》む人もいると思います。それでも、「アメリカとの友好」っていうのは、戦後、守った。「戦《いくさ》に敗れた者の潔《いさぎよ》さは必要だ。敗れた自分たちの力不足に対してはしかたがない」ということで、もう一回、一から出直すつもりで、産業を立て直してやったんでしょうから。

こういう潔さみたいなのは、中国人や朝鮮半島の人間にはないんですよ。だから、「千年の恨み」と言ってるでしょう？　こういう人たちには、やっぱり、もうちょっと宗教が必要です。宗教を教えなきゃ駄目《だめ》ですよ。そういうことは決して人間としての正しい道ではないのでね。

戦っていうのは、勝ったり負けたりすることはあるかもしれませんし、力及《およ》ばずして敗れることはあるかもしれないけども、それで卑屈《ひくつ》にはなってはいけない。「自分らが負けた」ということに対しては、謙虚《けんきょ》でなければならないけれども、それで卑屈になっちゃいけないというふうに思うんですね。

（中国は）戦後、日本が発展したことが悔《くや》しいんじゃないでしょうか。そうだと思うんですよね。それで、中国は今、「日本を圧倒《あっとう》し、アメリカを圧倒したい」と思ってやってるんでしょうけど、たぶん、指導者が国際的に通用しない考え方を持ってるはずなので、いずれ馬脚《ばきゃく》をあらわすことになると私は思いますよ。「自分たちの利益のためにしかやってない」っていうことが、やがて世界の人たちに分かるようになる。

8　松井石根大将の転生《てんしょう》と霊界《れいかい》での様子

過去世《かこぜ》は、歴史を知っている人なら分かる「武将」

綾織　先ほどから、「武士道」や「潔《いさぎよ》さ」というお言葉を頂いているわけですが、「ご自身が、過去においても、そうしたご経験をされている」というように理解してよろしいですか。

松井石根　もちろん、そうです。

綾織　はい。

里村　そうでございますね。

綾織　もし、教えていただけるような、過去世《かこぜ》や過去のご経験等がありましたら、お願いしたいと思います。

松井石根　うーん……。まあ、今のような立場で（苦笑）、負けて死刑《しけい》になった人間が、そういうことを名乗るのはちょっと……。

里村　いえいえ。

綾織　いえいえいえ。

里村　やはり、東京裁判については、私どもは、本当に、「決して正しいもの」とは思っていませんので……。

松井石根　うーん。まあ、日本史がよっぽど好きな人でなきゃあ、たぶん知らない程度の人間だと思いますけども、「新田義貞《にったよしさだ》」っていう名前の方がいると思う。

綾織　新田義貞！

里村　ああ！

松井石根　うん、まあ、知ってる人は知ってるとは思いますが、十人に一人ぐらいしか知らないでしょう。

一同　いえいえいえいえ。

松井石根　まあ、「新田義貞」という名前で生まれたことがあります。どういう人物であるかは、歴史を知ってる人は、多少は分かると思いますけれども。

里村　やはり、時代が変わる大きなきっかけをつくられた武将でいらっしゃいますね。

たとえ敗れても、「正義」のためには戦わねばならない

松井石根　戦《いくさ》ではね、勝ち負けはありますし、負けた場合は、あと、何を言われ

新田義貞（1301 ～ 1338）
南北朝時代の武将。上野国（群馬県）の新田一族の惣領。後醍醐天皇の挙兵に合流し、鎌倉幕府を滅亡させた。建武の新政下で重用され、南北朝の戦いでは南朝方の中心として各地を転戦。藤島の戦いで戦死した。

ても、しかたがないところもございますけれどね。やっぱり、「正義のために戦うことも悪だ」と思われているようなところが、今の日本にはあるからね。

里村・綾織　はい。

松井石根　「正義のために戦うことも悪だ」っていうように考えているけど、それだったら、もう、軍隊も警察も、みんな悪ですからねえ。あるいは、軍隊を「暴力装置」と呼ぶ方もいらっしゃいますからね。

そのように、「軍隊があること自体が悪で、平和が絶対的な善なんだ」って言ってるけれども、「正義じゃないものが支配する世の中が平和だ」と思うのなら、それは間違《まちが》いなんだということは、やっぱり知らねばならないと思う。

それを支配する者は、強い者であることは事実でしょうけども、「その強い者は、同時に、正義の御旗《みはた》を持ってなければいけないということを知らなければいけないし、「敗れても、正しいと思うことは、やらねばならないんだ」ということを知っておいたほうがいいと思いますね。正しいことなら、たとえ敗れても、戦わねばならないんであって、そんな「暴力装置」なんていう言葉で、簡単に語ってほしくはない。

里村　はい。

先の大戦で亡《な》くなった中国人の約九割は「内戦」によるもの

里村　松井大将は、結局、東京裁判の判決では、「十一万人ぐらい、南京《ナンキン》で虐殺《ぎゃくさつ》をした」ということで、B級戦犯《せんぱん》で亡《な》くなられました。

当時、東京裁判で、GHQのマッカーサーなど、連合国側は、わざわざ、処刑日を十二月二十三日と、今上陛下《きんじょうへいか》（現在の天皇）、当時、皇太子さまのご生誕日に設定しましたけれども、大将は、亡くなられる少し前に、「あれだけ、中国の人たちのことを思ったのに、『その人たちを虐殺した』ということで処刑されるんだ。浮《う》かばれんなあ」というようなお言葉を遺《のこ》されたと聞いております。
実際のところ、そのへんは、いかがでしたでしょうか。

松井石根　ああ、だから、死んだ中国人はですねえ、まあ、概算《がいさん》は分かりませんけれども、おそらく、九割は中国内部の「内戦」で死んでるんですよ。

里村　はい。

松井石根　ほぼ、九割はそうだと思います。だから、「日本軍と戦って死んだ」

っていうのは、一割いればいいほうで、「内戦」なんですよ。ほとんど内戦状態だったし、日本軍を敵にぶつけようとして、使ってた連中がいるんですよ、中国のなかにね。そうした山賊《さんぞく》のような戦い方が、公《おおやけ》になってないのでね、十分にね。そのように、自分が内戦しているライバルと戦うのに、「自分で戦うんじゃなくて、日本軍をぶつけてやらせようとする勢力があった」という歴史の真実を、やっぱり明らかにしなきゃいけないところがあると思いますよ。

里村　はい。

過去世《かこぜ》では、「中国で国を建てたこともある」

綾織　やや蛇足《だそく》になってしまうかもしれませんが、「中国に対する愛情が深い」という意味では、もしかしたら、中国での転生のご経験もおありなのでしょうか。

松井石根　うーん、まあ、これは、あんまり言いたくはなかったあれですけども（苦笑）……。

里村　「架《か》け橋」という意味で……。

松井石根　うーん。

綾織　「儒学《じゅがく》を、かなり修められていた」というお話もあります。

松井石根　うーん……、まあ、「唐《とう》」という国ができるときに、ある程度の武功は立てた者だと思います。

里村　唐の太宗《たいそう》・李世民《りせいみん》の下《もと》で働いて……。

松井石根　うん、彼を立ててね、戦った。

里村　ええ。魏徴《ぎちょう》ではなくて？　功臣《こうしん》の一人でいらっしゃった……。

松井石根　うーん、まあ、世界史の難しい勉強になるんだろうから、日本人は、受験生以外には、知ってる人はいないかもしれない（笑）。ハッハッハ。

里村　いつも、太宗に諫言《かんげん》することを一つの仕事ともしていた人で、「後世に名前を成すかどうかは、後世の人が判断することだ」というようなことをおっしゃった……。

松井石根　うーん、まあ、そういうことは、いいですよ。「国を建てたこともある」ということを知っておいてくれれば、いいわけでね。だから、中国を心から憎《にく》んでたわけじゃあ、ありません。

松井大将が見た、「天上界《てんじょうかい》」や「安倍《あべ》首相」の様子

里村　それでは、その後、亡くなられて、現在は、どのような場所におられて、どのような方たちとお話しされたりしているのでしょうか。

松井石根　うーん、高天原《たかまがはら》に還《かえ》ってますよ。

里村　あっ！「高天原に還られた」ということは、高天原の神様の一柱《ひとはしら》で……。

松井石根　うーん。まあ、最近の方では、三島由紀夫《みしまゆきお》さんとか、そういう方が来られましたですねえ（三島由紀夫の過去世《かこぜ》は高天原の神の一柱、邇邇芸命《ににぎのみこと》と霊言《れいげん》で語っている。『天才作家　三島由紀夫の描く死後の世界』〔幸福の科学出版刊〕参照）。

里村　はい。

松井石根　だから、東條《とうじょう》（英機《ひでき》）さんは、まだ、責任を背負っていらっしゃるけど、あなたがたの仕事がだいぶ進んできたので、もうそろそろ、許されるころかとは思いますが……。

里村　ああ、はい。

松井石根　日本人が責め続けているかぎり、なかなか、罪が許されない部分があるけど、そろそろ、「東條さんの責任ではなかったんではないか」っていう感じが出てきておりますのでね。

昭和天皇も、こちらに還ってこられたけれども、どちらかというと、まだ、こちらに還ってから、神々の世界に入る前のところで、自分が「人間宣言」をしたことや、軍部のせいにしてしまったこと等への反省は、やっぱり、なされているような感じに見えますね。

地獄《じごく》へ堕《お》ちているわけじゃあ、ありませんけどもね。天上界《てんじょうかい》に還られてはおりますが、高天原には来ていない。その途中《とちゅう》で反省されているように見えますね。

里村　畏《おそ》れ多いことながら、もし、「神様」としての大将のお名前をお聞かせ願えましたら……。

松井石根　まあ、それは、もう、「戦犯で死刑になった者が、そんな神様の名前を名乗ってはならない」と思いますので、駄目《だめ》です。

ただ、今は、高天原も〝修復中〟でありますので、やはり、「何とか、日本の威信《いしん》を取り戻《もど》したいな」と思っています。

だから、安倍《あべ》さんも、活躍《かつやく》されているとは思うけど、「まだ、靖国参拝《やすくにさんぱい》もできず、官房長官《かんぼうちょうかん》談話で慰安婦《いあんふ》の見直しさえもできない」というあたりは、ちょっと、武士として見たら、少し、うーん、どうですかねえ、やはり、地位にこだわっているんですかねえ。

9 「日本人であることに誇《ほこ》りを持っていただきたい」
──松井石根大将から現代日本人へのメッセージ

現代の日本人は「善悪の観念」をしっかり持て

里村　最後になりますけれども、現代の日本人は、まだ、先の戦争を「侵略《しんりゃく》戦争」と見たり、日本の軍隊を「残虐《ざんぎゃく》だった」と見たりしており、そうした考え方のもとに、今も、「戦争反対。正しい戦争というものはないのだ」という考え方でいます。

そのような現代日本人、あるいは、世界の人も含《ふく》めて、ぜひ、松井大将より、メッセージがございましたら、お願いしたいと思います。

松井石根　世界史は「国」と「国」の文明の誤解や摩擦《まさつ》のなかで、やはり磨《みが》かれてできてくるもんだから、「何が正しいか」っていうことは、すぐには分からないし、戦争で攻《せ》められる側は、「侵略された」と、みんな思う。また、勝てば、みんな、幸福な感じで喜ぶし、負ければ悲惨《ひさん》な思いをする。

これは、いつも共通のことだけども、そういう、いろいろな時代の織物を織りつつ、人類は進んできたんでねえ。

だから、今は、日本軍は、さんざん悪く言われてるわけだけども、「もし、日本が、〝平和主義者〟が勝って、戦わずに降参して、アメリカの足場になってたらどうなったか」ということを考えたらね、その後、アメリカは、日本を足場にして、毛沢東《もうたくとう》の共産党軍と戦うことになったはずですし、「アメリカと中国の戦いが起きていた」と思いますよ。

そのように、歴史っていうのは、何かが変われば、全部変わってくることがある。「敵も味方も入れ替《か》わることはあるんだ」ということですね。

それで、今は、ちょっと、アメリカのほうも、「世界の警察官」としての地位が危《あや》うくなってきて、やっぱり、理屈《りくつ》が通らない部分がだいぶ出てきていますし、イギリスも、今は、国家分裂《ぶんれつ》の危機に瀕《ひん》してますよね。

そういう意味で、かつての大英帝国《ていこく》、大アメリカ帝国の時代が、予想したよりも早く、今、終わりが近づいてきているように思うんですね。

だから、「これに乗じて出てくるものが何であるか」ということに対して、ものすごく敏感《びんかん》でなければいけないと思う。そういうなかに、邪悪《じゃあく》なるものが混じっているならば、やっぱり、「それが世界を支配する前に、断固として阻止《そし》せねばいけない」と私は思いますね。

そういうわけで、このへんについて、もうちょっと、善悪の観念をしっかり持たないと、「過去、七十年、八十年前に、私たちがした」と称《しょう》することが、「悪事」と言われて、日本人が、何ら、国際的に発言もできず、判断もできず、国を守ることもできないような状態に置かれることは、悲惨なことだと思う。

「沖縄《おきなわ》の人たちは日本人であることに誇《ほこ》りを持っていただきたい」

松井石根　また、ついでに、沖縄《おきなわ》の人たちがこれを聞くかどうかは知りませんが、沖縄の人たちにも言いたい。どうか、「中国と日本を天秤《てんびん》にかけて、自分らの利益を図《はか》るような考えを持つ人が為政者《いせいしゃ》に出るようなら、用心していただきたい」と思う。

日本人であることに誇《ほこ》りを持っていただきたい。「先の沖縄戦で、二十何万人ぐらいの人は死んでいる」と思うけども、沖縄の人ばかりが死んだわけじゃあ、ありません。本土の人たちも、そのなかでは、かなりの数、死んでいるはずです。

（声をふるわせて）つまり、戦って死んだ人たちがいるということ、戦艦大和《せんかんやまと》が片道の燃料で出撃《しゅつげき》して、沈《しず》められるのを承知の上で、沖縄の海岸に、その身をうずめて、砲台《ほうだい》だけになってでも、沖縄を守ろうとして出て、撃沈《げきちん》されたことを、どうか忘れないでいただきたいと思います。

だから、「中国が沖縄を守った」なんて、思わないでいただきたい！　ＮＨＫでも、「薩摩《さつま》の侵略だ」とか、いろいろなことを言ってるようですけどね。中国に味方するようなことを、やっぱり、朝日新聞もＮＨＫもそうでしょうけど、言うようなところは、たくさんあったし、そういう学者も数多くいると思うけれども、極端《きょくたん》な右翼《うよく》史観ばかりを持てとは言わないものの、公正に自分たちの国のやってきたことと、「日本は、全体として見たら、素晴《すば》らしい国だったんだ」ということを、やっぱり理解していただきたいし、日本には、「誇り高い国に、もう一回、なっていただきたい」と思う。

そして、戦後体制を改めようとしている、あなたがたに対して、心から敬意を表するものであります！（右手を上げ、敬礼の姿勢をとる）

及川・綾織　ありがとうございます。

里村　はい。本日は、まことにありがとうございました。

大川隆法　ありがとうございました（手を一回叩《たた》く）。

10　松井石根大将の霊言《れいげん》を終えて

南京《ナンキン》戦の最高責任者が天上界《てんじょうかい》から語った霊言《れいげん》に嘘《うそ》はあるのか

大川隆法　（松井大将は）戦後、軍隊から退《ひ》いて十年もたってから処刑《しょけい》されている面があるので、心の整理も十分なされていたのかもしれませんが、きちんと、歴史の推移は見ておられたようです。

どうも、高天原《たかまがはら》も、〝再構築中〟のようですね。ここ数十年の間に、再構築しなければ、どうもいけないようです。

幸福実現党に対しても、何か一言《ひとこと》、言ってもらっても、よかったかもしれませんが、私たちのやっていることも、何らかの意味があることでしょう。

「従軍慰安婦《じゅうぐんいあんふ》報道や、南京大虐殺《ナンキンだいぎゃくさつ》報道と、真っ向から対立する見解」だと思いますが、馬上《ばじょう》の人として南京を歩いた人であるなら、「治安に関しては、もはや、それは完璧《かんぺき》であった。つまり、（自分が）銃撃《じゅうげき》されるような状態にはなかったことは事実だろう」と思います。

また、「戦前の陸軍大将というのは、体も強ければ、頭も優秀《ゆうしゅう》で、道徳力もしっかりした方がなっている」と私は思うのです。実際、どうも、神格を持っているみたいではありましたから、やはり、「歴史において、本当の逆転があったのではないか」という気はしています。何とか、汚名《おめい》は取り除いてあげないといけないのではないでしょうか。

（松井大将は）最高責任者ですから、「彼が嘘《うそ》を言った」と思うか思わないかは、この霊言《れいげん》の映像を観《み》る人、そして、この本を読む人の判断に任せたいと思います。

しかし、最高責任者をやっていた人が、「少なくとも、自分の目の届くかぎり、

（南京市民への虐殺は）断じてありえない」という見解を堅持《けんじ》しているということ、そして、「天上界《てんじょうかい》に還《かえ》っている」ということは、知っておいていただきたいと思います。

里村　はい。分かりました。頑張《がんば》ります。

大川隆法　はい（手を一回叩《たた》く）。

一同　ありがとうございました。

あとがき

松井大将の霊は軍人として折目正しく、実にきっちりとした方だった。戦犯として絞首刑になるべき人ではなかったと思う。

来年、戦後七十年の区切りをつけるためにも、この本は貴重な一冊であろうと思う。ただ活字で読むだけでなく、幸福の科学の支部や精舎で直接映像をご覧になることをすすめたい。

あやまてる自虐史観と、つかのまの平和に酔いしれていてはいけない。歴史は大海の波の如く押し返してくる。

その時に立ち向かえるだけの論理と言論力を持ちえるかどうか。それが問題なのだ。戦後、日本人が失った大切な「何か」をも本書は教えてくれるだろう。

二〇一四年　九月十八日

幸福《こうふく》の科学《かがく》グループ創始者兼総裁《そうししゃけんそうさい》　大川隆法《おおかわりゅうほう》

『南京大虐殺と従軍慰安婦は本当か』 大川隆法著作関連書籍

『天に誓って「南京大虐殺」はあったのか』（幸福の科学出版刊）
『天才作家 三島由紀夫の描く死後の世界』（同右）
『従軍慰安婦問題と南京大虐殺は本当か？』（同右）
『「河野談話」「村山談話」を斬る！』（同右）
『公開霊言 東條英機、「大東亜戦争の真実」を語る』（幸福実現党刊）
『神に誓って「従軍慰安婦」は実在したか』（同右）

南京《ナンキン》大虐殺《だいぎゃくさつ》と従軍《じゅうぐん》慰《い》安《あん》婦《ふ》は本当《ほんとう》か

——南京攻略の司令官・松井石根大将の霊言——

2014年9月19日　初版第1刷
2014年10月24日　第4刷

著　者　　大《おお》　川《かわ》　隆《りゅう》　法《ほう》

発行所　　幸福の科学出版株式会社

〒107-0052 東京都港区赤坂2丁目10番14号
TEL(03)5573-7700
http://www.irhpress.co.jp/

印刷・製本　株式会社 東京研文社

落丁・乱丁本はおとりかえいたします

ISBN978-4-86395-555-4 C0030
写真：朝日新聞社／時事通信フォト skipinof／PIXTA（ピクスタ） アフロ

大川隆法シリーズ・**最新刊**

本当に心は脳の作用か？

立花隆の「臨死体験」と「死後の世界観」を探る

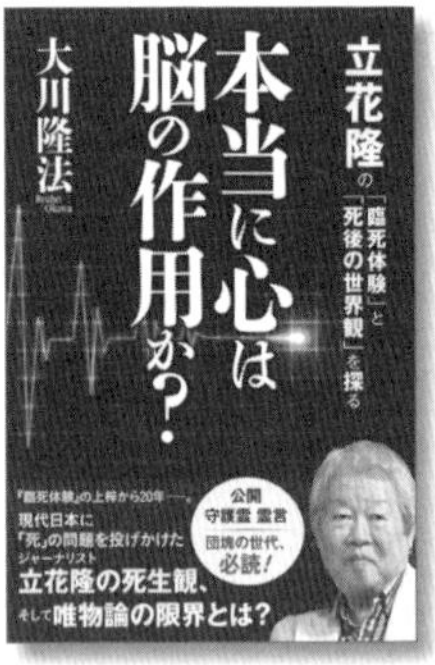

「脳死」や「臨死体験」を研究し続けてきた立花隆氏の守護霊に本音をインタビュー！ 現代のインテリが陥りやすい問題点が明らかに。

1,400円

広島大水害と御嶽山噴火に天意はあるか

続けて起きた2つの自然災害には、どのような霊的背景があったのか？ 原爆投下や竹島問題、歴史認識問題等とつながる衝撃の真相が明らかに！

1,400円

幸田露伴かく語りき

スピリチュアル時代の ＜努力論＞

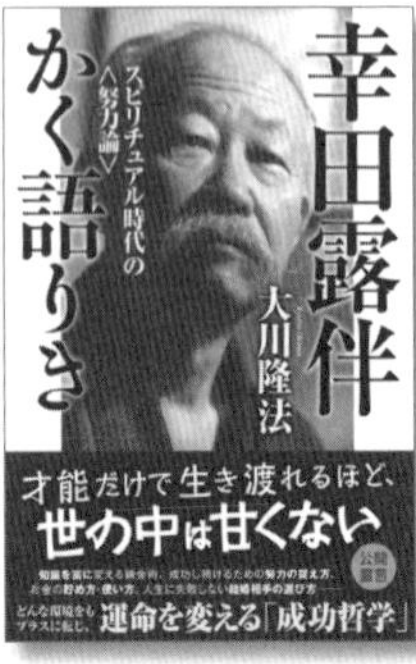

努力で破れない運命などない！ 電信技手から転身し、一世を風靡した明治の文豪が語る、どんな環境をもプラスに転じる「成功哲学」とは。

1,400円

※表示価格は本体価格（税別）です。

大川隆法霊言シリーズ・正しい歴史認識を求めて

天に誓って「南京大虐殺」はあったのか

『ザ・レイプ・オブ・南京』著者 アイリス・チャンの霊言

謎の死から10年、ついに明かされた執筆の背景と、良心の呵責、そして、日本人への涙の謝罪。「南京大虐殺」論争に終止符を打つ一冊!

1,400円

従軍慰安婦問題と南京大虐殺は本当か?

左翼の源流 vs. E.ケイシー・リーディング

「従軍慰安婦問題」も「南京事件」も中国や韓国の捏造だった! 日本の自虐史観や反日主義の論拠が崩れる、驚愕の史実が明かされる。

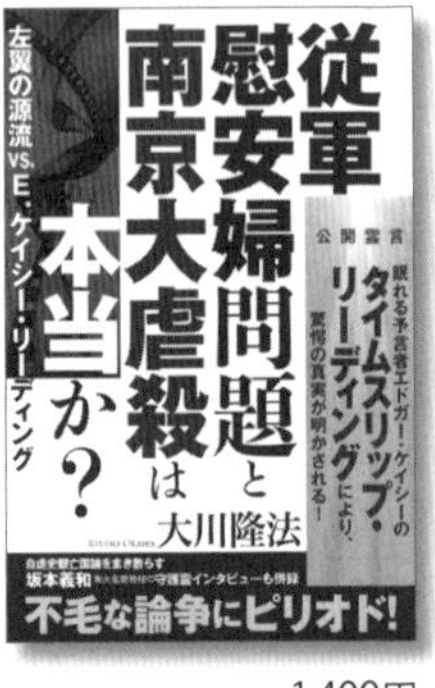

1,400円

本多勝一の守護霊インタビュー

朝日の「良心」か、それとも「独善」か

「南京事件」は創作!「従軍慰安婦」は演出! 歪められた歴史認識の問題の真相に迫る。自虐史観の発端をつくった本人(守護霊)が赤裸々に告白!

【幸福実現党刊】

1,400円

※表示価格は本体価格(税別)です。

大川隆法霊言シリーズ・正しい歴史認識を求めて

神に誓って「従軍慰安婦」は実在したか

いまこそ、「歴史認識」というウソの連鎖を断つ！ 元従軍慰安婦を名乗る2人の守護霊インタビューを敢行！ 慰安婦問題に隠された驚くべき陰謀とは⁉
【幸福実現党刊】

1,400円

「河野談話」「村山談話」を斬る！

日本を転落させた歴史認識

根拠なき歴史認識で、これ以上日本が謝る必要などない!! 守護霊インタビューで明らかになった、驚愕の新証言。「大川談話（私案）」も収録。

1,400円

安重根は韓国の英雄か、それとも悪魔か

安重根 & 朴《パク》槿《ク》惠《ネ》大統領守護霊の霊言

なぜ韓国は、中国にすり寄るのか？ 従軍慰安婦の次は、安重根像の設置を打ち出す朴槿惠・韓国大統領の恐るべき真意が明らかに。

1,400円

幸福の科学出版

「集団的自衛権」はなぜ必要なのか

日本よ、早く「半主権国家」から脱却せよ! 激変する世界情勢のなか、国を守るために必要な考え方とは何か。この一冊で「集団的自衛権」がよく分かる。
【幸福実現党刊】

1,500円

日蓮聖人「戦争と平和」を語る

集団的自衛権と日本の未来

「集団的自衛権」「憲法九条」をどう考えるか。日本がアジアに果たすべき「責任」とは? 日蓮聖人の「戦争と平和」に関する現在の見解が明かされる。

1,400円

フビライ・ハーンの霊言

世界帝国・集団的自衛権・憲法9条を問う

日本の占領は、もう終わっている? チンギス・ハーンの後を継ぎ、元朝を築いた初代皇帝フビライ・ハーンが語る「戦慄の世界征服計画」とは!

1,400円

大川隆法 ベストセラーズ・忍耐の時代を切り拓く

忍耐の法

「常識」を逆転させるために

人生のあらゆる苦難を乗り越え、夢や志を実現させる方法が、この一冊に――。混迷の現代を生きるすべての人に贈る待望の「法シリーズ」第20作！

2,000円

「正しき心の探究」の大切さ

靖国参拝批判、中・韓・米の歴史認識……。「真実の歴史観」と「神の正義」とは何かを示し、日本に立ちはだかる問題を解決する、2014年新春提言。

1,500円

自由の革命

日本の国家戦略と世界情勢のゆくえ

「集団的自衛権」は是か非か！？ 混迷する国際社会と予断を許さないアジア情勢。今、日本がとるべき国家戦略を緊急提言！

1,500円

※表示価格は本体価格（税別）です。

大川隆法ベストセラーズ・幸福の科学「大学シリーズ」

新しき大学の理念

「幸福の科学大学」がめざす
ニュー・フロンティア

2015年、開学予定の「幸福の科学大学」。日本の大学教育に新風を吹き込む「新時代の教育理念」とは？ 創立者・大川隆法が、そのビジョンを語る。

1,400円

「経営成功学」とは何か

百戦百勝の新しい経営学

経営者を育てない日本の経営学!? アメリカをダメにしたMBA――!? 幸福の科学大学の「経営成功学」に託された経営哲学のニュー・フロンティアとは。

1,500円

「人間幸福学」とは何か

人類の幸福を探究する新学問

「人間の幸福」という観点から、あらゆる学問を再検証し、再構築する――。数千年の未来に向けて開かれていく学問の源流がここにある。

1,500円

「未来産業学」とは何か

未来文明の源流を創造する

新しい産業への挑戦――「ありえない」を、「ありうる」に変える！ 未来文明の源流となる分野を研究し、人類の進化とユートピア建設を目指す。

1,500円

「現行日本国憲法」をどう考えるべきか

天皇制、第九条、そして議院内閣制

憲法の嘘を放置して、解釈によって逃れることは続けるべきではない──。現行憲法の矛盾や問題点を指摘し、憲法のあるべき姿を考える。

1,500円

政治哲学の原点

「自由の創設」を目指して

政治は何のためにあるのか。真の「自由」、真の「平等」とは何か──。全体主義を防ぎ、国家を繁栄に導く「新たな政治哲学」が、ここに示される。

1,500円

法哲学入門

法の根源にあるもの

ヘーゲルの偉大さ、カントの功罪、そしてマルクスの問題点──。ソクラテスからアーレントまでを検証し、法哲学のあるべき姿を探究する。

1,500円

日本神道的幸福論

日本の精神性の源流を探る

日本神道は単なる民族宗教ではない! 日本人の底流に流れる「精神性の原点」を探究し、世界に誇るべき「大和の心」とは何かを説き明かす。

1,500円

※表示価格は本体価格(税別)です。

幸福の科学グループのご案内

宗教、教育、政治、出版などの活動を通じて、地球的ユートピアの実現を目指しています。

宗教法人　幸福の科学

一九八六年に立宗。一九九一年に宗教法人格を取得。信仰の対象は、地球系霊団の最高大霊、主エル・カンターレ。世界百カ国以上の国々に信者を持ち、全人類救済という尊い使命のもと、信者は、「愛」と「悟り」と「ユートピア建設」の教えの実践、伝道に励んでいます。

（二〇一四年十月現在）

愛

幸福の科学の「愛」とは、与える愛です。これは、仏教の慈悲《じひ》や布施《ふせ》の精神と同じことです。信者は、仏法真理をお伝えすることを通して、多くの方に幸福な人生を送っていただくための活動に励んでいます。

悟り

「悟り」とは、自らが仏の子であることを知るということです。教学《きょうがく》や精神統一によって心を磨き、智慧《ちえ》を得て悩みを解決すると共に、天使・菩薩《ぼさつ》の境地を目指し、より多くの人を救える力を身につけていきます。

ユートピア建設

私たち人間は、地上に理想世界を建設するという尊い使命を持って生まれてきています。社会の悪を押しとどめ、善を推し進めるために、信者はさまざまな活動に積極的に参加しています。

国内外の世界で貧困や災害、心の病で苦しんでいる人々に対しては、現地メンバーや支援団体と連携して、物心両面にわたり、あらゆる手段で手を差し伸べています。

年間約３万人の自殺者を減らすため、全国各地で街頭キャンペーンを展開しています。

公式サイト　www.withyou-hs.net

ヘレン・ケラーを理想として活動する、ハンディキャップを持つ方とボランティアの会です。視聴覚障害者、肢体不自由な方々に仏法真理を学んでいただくための、さまざまなサポートをしています。

公式サイト　www.helen-hs.net

INFORMATION

お近くの精舎・支部・拠点など、お問い合わせは、こちらまで！

幸福の科学サービスセンター

TEL. 03-5793-1727（受付時間 火〜金：10〜20時／土・日：10〜18時）

宗教法人 幸福の科学 公式サイト　happy-science.jp

教育

学校法人 幸福の科学学園

学校法人 幸福の科学学園は、幸福の科学の教育理念のもとにつくられた教育機関です。人間にとって最も大切な宗教教育の導入を通じて精神性を高めながら、ユートピア建設に貢献する人材輩出を目指しています。

幸福の科学学園

中学校・高等学校（那須本校）
2010年4月開校・栃木県那須郡（男女共学・全寮制）
TEL **0287-75-7777**
公式サイト **happy-science.ac.jp**

関西中学校・高等学校（関西校）
2013年4月開校・滋賀県大津市（男女共学・寮及び通学）
TEL **077-573-7774**
公式サイト **kansai.happy-science.ac.jp**

幸福の科学大学（仮称・設置認可申請中）
2015年開学予定
TEL **03-6277-7248**（幸福の科学 大学準備室）
公式サイト **university.happy-science.jp**

仏法真理塾「サクセスNo.1」 TEL **03-5750-0747**（東京本校）
小・中・高校生が、信仰教育を基礎にしながら、「勉強も『心の修行』」と考えて学んでいます。

不登校児支援スクール「ネバー・マインド」 TEL **03-5750-1741**
心の面からのアプローチを重視して、不登校の子供たちを支援しています。
また、障害児支援の**「ユー・アー・エンゼル!」**運動も行っています。

エンゼルプランV TEL **03-5750-0757**
幼少時からの心の教育を大切にして、信仰をベースにした幼児教育を行っています。

シニア・プラン21 TEL **03-6384-0778**
希望に満ちた生涯現役人生のために、年齢を問わず、多くの方が学んでいます。

NPO
活動支援

いじめから子供を守ろう ネットワーク

学校からのいじめ追放を目指し、さまざまな社会提言をしています。また、各地でのシンポジウムや学校への啓発ポスター掲示等に取り組む一般財団法人「いじめから子供を守ろうネットワーク」を支援しています。

公式サイト **mamoro.org**
相談窓口 **TEL.03-5719-2170**
ブログ **blog.mamoro.org**